Jan Eaton

Kreuzstich kreativ

JAN EATON

Kreuzstich kreativ

Ideen ◆ Motive ◆ Designs

Christophorus
EDITION ZWEIGART

Die Deutsche Bibliothek -
CIP-Einheitsaufnahme

Kreuzstich kreativ: Ideen - Designs - Motive / Jan Eaton.
Übers. aus dem Engl. von Helen H. J. Liebe. – Freiburg im
Breisgau: Christophorus-Verl., 1994
(Edition Zweigart)
ISBN 3-419-53210-5

Titel der englischen Originalausgabe:
«A Creative Guide To Cross Stitch Embroidery»
© 1991 by Jan Eaton (Texte und Konzeption)
© 1991 by New Holland (Publishers) Ltd (Fotografien und
    Illustrationen)
© 1991 by New Holland (Publishers) Ltd,
    37 Connaught Street, London W2 2AZ
© 1994 der deutschsprachigen Ausgabe by
    Christophorus-Verlag GmbH
    Freiburg im Breisgau

Grafische Gestaltung: Peter Bridgewater
Fotografien: Steve Tanner
Illustrationen: John Hutchinson, Geoff Denney,
    Andy Waterman, Jo Finnis
Umschlaggestaltung: Graphic Design Hannes Osterrieder,
    Umkirch
Deutsche Bearbeitung und Gesamtproduktion: Headline,
    80538 München

DANKSAGUNG
....
Die Autorin möchte den folgenden Personen und Firmen danken:
DMC für Handarbeitsstoffe, Garne und Stickzubehör
Cara Ackerman von DMC Creative World
Wendy Bailey
Nigel Benson von 20th Century Glass
Charlotte Parry-Crooke
Clare Royals
Gillie Spargo

Der Verlag dankt Bärbl Kreibich, Zweigart & Sawitzki, für die
freundliche Unterstützung und fachliche Beratung bei der Bearbeitung der deutschen Ausgabe.

INHALT

KAPITEL EINS

GESCHICHTE & ENTWICKLUNG

EINFÜHRUNG

Mit den allerersten Stichen der Menschheitsgeschichte wurden Tierhäute zu Kleidungsstücken genäht. Die ersten Stoffe wurden wahrscheinlich aus Gräsern und anderen pflanzlichen Stoffen hergestellt, bis schließlich ein Weg gefunden wurde, um pflanzliche Fasern und tierische Haare zu Fäden zu spinnen. Von ungefähr 10 000 v. Chr. bis zur Entwicklung der synthetischen Fasern im 20. Jahrhundert wurden vier Arten von natürlichen Fasern verwendet: Wolle und Seide (tierische Produkte) sowie Baumwolle und Flachs (pflanzliche Produkte).

Die ersten Stickereien bestanden vermutlich darin, daß Stoffe an strapazierten Stellen gestopft, also durch zusätzliche Fäden verstärkt wurden. Diese zweckgebundene Methode entwickelte sich langsam zu der dekorativen Stickerei, die wir heute kennen. In Lateinamerika sowie in Ägypten und China wurden bei Ausgrabungen kleinere Stoffstücke aus der Zeit zwischen 5 000 v. Chr. und 500 n. Chr. gefunden. Diese zeigen primitive Beispiele von Stopfarbeiten, Halb- und Spannstichen. Gestopft wurde auf den unterschiedlichsten Gewebearten. Viele der Fundstücke sind aus Leinen, einem der ältesten Webstoffe überhaupt. Die regelmäßige Webart dieses Stoffes war eine wesentliche Voraussetzung für die Entwicklung der Stickerei. Über viele Jahrhunderte hinweg diente die Stickerei vorwiegend dazu, Haushaltswäsche oder andere Besitztümer zu kennzeichnen. Gestickt wurde aber auch, um häusliche

und kirchliche Kleidungsstücke sowie Accessoires zu verschönern und um Mobiliar, zeremonielle Roben und Banner zu schmücken.

URSPRUNG DER KREUZSTICH-STICKEREI

Das älteste Beispiel einer Stickerei wird auf 500 n. Chr. geschätzt. Das Muster ist komplett in waagrecht verlaufenden Kreuzstichen auf Leinen gestickt und wurde auf einem koptischen Friedhof in Oberägypten gefunden. Aus der Antike und aus der frühchristlichen Zeit sind leider nur sehr wenige Beispiele verzierter Stoffe erhalten geblieben. Das bedeutet aber nicht, daß dekorative Stickereien selten hergestellt wurden – es ist ganz einfach so, daß natürliche Fasern viel schneller verderben als beispielsweise Arbeiten aus Metall oder Keramik. Vielleicht sind letztere auch nur deshalb in größerer Anzahl auf archäologischen Ausgrabungsstätten gefunden worden.

Zur Frage, wo die Stickerei nun tatsächlich entstand, gibt es verschiedene Theorien. Während der T'ang-Dynastie zwischen 618 n. Chr. und 906 n. Chr. blühte die Stickerei richtiggehend auf. Einige Historiker glauben deshalb, daß die Entwicklung des Stickens viel mit der Kunstfertigkeit der Chinesen zu tun habe. Weitergedacht würde dies bedeuten, daß sich die Stickmuster und -techniken anschließend von China über Indien und Ägypten bis hin zu den griechischen und römischen Zivilisationen verbreiteten, um dann in die Länder des östlichen Mittelmeers und des Mittleren Ostens zu gelangen. Eine andere Theorie besagt allerdings, daß die Verbreitung der Stickerei genau andersherum

FRÜHER benutzten die Handarbeiterinnen Stickmustertücher, um mit Stichen, Techniken und Mustern zu experimentieren. Später waren sie Grundlage für die Ausbildung der Mädchen, die auf diese Weise gleichzeitig das Buchstabieren und Sticken lernten.

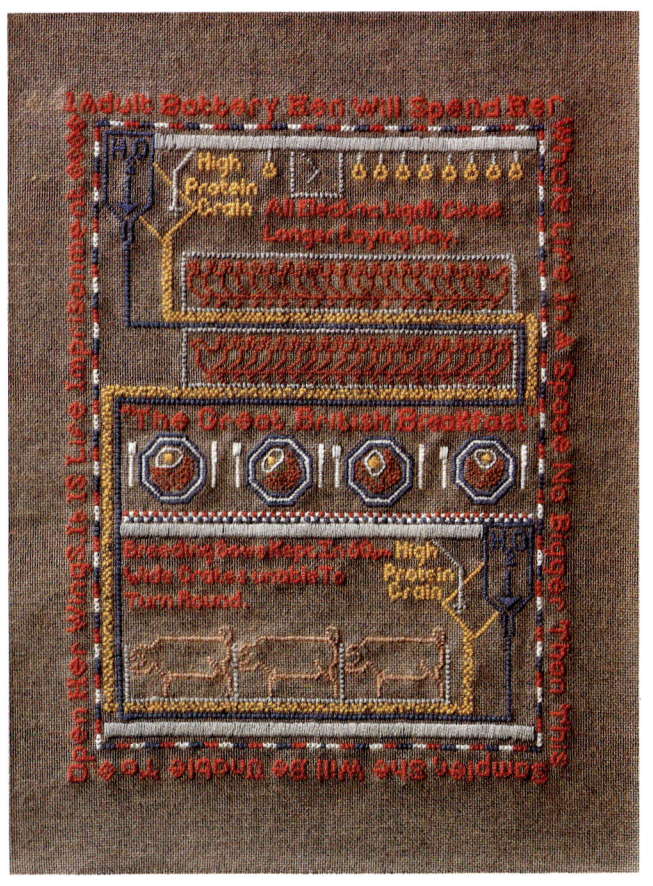

*MODERNE STICKMUSTERTÜCHER dienen
gelegentlich als ausdrucksstarkes Medium
zur Vermittlung einer Botschaft. Das von der Künstlerin
Susan Beckett gestickte Bild drückt plastisch
das Entsetzen über die moderne Massentierzucht aus.*

stattfand. Begründet wird diese Theorie damit, daß während der T'ang-Dynastie auch die erste große Einwanderungswelle nach China erfolgte. Perser, Araber sowie Reisende aus Griechenland und Indien folgten den Seidenstraßen Richtung Osten, und viele siedelten sich in China an. Es gibt Hinweise, daß diese Einwanderer die Muster der chinesischen Kunst und des chinesischen Handwerks beeinflußten. Viele chinesische Textilien haben Motive, die große Ähnlichkeit mit denen aufweisen, die auf persischen Stoffen gefunden wurden.

Fest steht jedenfalls, daß sich die Technik des Kreuzstiches ebenso wie die gebräuchlichsten Muster über viele Länder des europäischen Kontinents ausbreiteten. Es waren wahrscheinlich die Kreuzritter,

die bestickte Stoffe aus Ländern des Mittleren Ostens von ihren Kreuzzügen mit nach Hause brachten. Auf den Handels- und Gewürzstraßen gab es nicht nur vielerlei Arten von Verkaufsartikeln – hier siedelten sich auch Kunsthandwerker an, die ihre Produkte feilboten. Die Verbreitung der Stickerei in die entlegensten Regionen macht es schwierig zu bestimmen, aus welchem Ursprungsland bestimmte Muster stammen. Aber es ist immer wieder faszinierend, wenn man beispielsweise in der traditionellen Bauernstickerei Mexikos genau die gleichen Motive und Muster entdeckt, die auch im weit entfernten Rußland in landesüblichen Stickereien verarbeitet wurden.

DIE ENGLISCHE TRADITION

Stellvertretend für die europäische Entwicklung wird nun am Beispiel Englands dargelegt, welchen geschichtlichen Ablauf die Stickerei in den europäischen Ländern nahm. Die früheste Erwähnung der Stickerei in England ist in einem Dokument von 679 n. Chr. festgehalten. Während der folgenden Jahrhunderte zierten Stickereien zeremonielle Roben der Kirche und der Fürstenhäuser. Es gilt als ziemlich sicher, daß auch in Privathaushalten gestickt wurde; Beispiele für solche Produkte sind aber heute nicht mehr vorhanden. Auch aus dem kontinentalen Europa liegen für die Verwendung von Kreuzstichen und seinen Variationen vor dem 16. Jahrhundert keine Beweise vor. Lediglich das Abzeichen des Templer-Ritterumhangs, der jetzt im Victoria and Albert Museum in London zu sehen ist, ist erhalten geblieben. Im 16. Jahrhundert verzierten die Haushälterinnen der Königshäuser Wandbehänge, Tischdecken, Teppiche oder Möbel durch Stickereien.

Während dieser Zeit wurde entweder mit handgesponnenen Wollfäden oder mit Seidenfäden gestickt, die aus dem Mittleren Osten importiert wurden. Leinenstramin wurde als Grundlage für die Stickerei verwendet; oft wurde der Kreuzstich zusammen mit dem Halbstich und dem Spannstich verarbeitet. Mit anderen Stichen, zum Beispiel mit dem Rückstich oder dem Holbeinstich, wurden die Konturen von Kreuzstichflächen gestickt. Diese Stiche sind höchstwahrscheinlich von Katharina von Aragón, der ersten Frau Heinrichs VIII., eingeführt worden. Stickmuster sind aus unterschiedlichen Quellen übernommen worden. Dazu gehören Gobelinwandteppiche, aber auch Kräuter- und Gartenbücher. Das 1586 von Jacques Le Moyne veröffentlichte Werk «La Clef des Champs»

9

wurde oft als Quelle für Motive und Muster herangezogen. Viele Beispiele hoher Stickkunst sind in Wandbildern aus jener Zeit dokumentiert.

Während des 16. Jahrhunderts waren Möbel schwer und etwas unbequem – dicke Kissen mußten helfen, etwas Wärme und ein Mindestmaß an Komfort in die Häuser zu bringen. Inventurlisten aus dieser Zeit zeigen, daß bestickte Kissen sowohl in wohlhabende als auch in eher bescheidene Haushalte gehörten. In einer Liste aus dem Jahr 1523 sind bunte, mit Gold bestickte Samtkissen aufgeführt. Die Stickerinnen des 16. Jahrhunderts stickten vornehmlich sinnbildliche Motive sowie stilisierte, geblümte Designs von Vorlagen aus Musterbüchern. Abstrakte Motive wurden von Stoffstücken aus anderen europäischen, aber auch aus weiter entfernten Ländern kopiert. Elisabeth I. war als gute Stickerin bekannt, und die schottische Königin Mary Stewart hat während ihrer Gefangenschaft zahlreiche Stickereien fertiggestellt.

Nach der Restauration der Monarchie in England 1660 verlief das Leben in Großbritannien wieder gemächlicher. Die Frauen stickten nun häufiger dekorative Gegenstände – etwa Bilder und Lampenschirme mit biblischen Szenen. Das Reisen und der Handel nahmen weiter zu, und die zurückkehrenden Reisenden brachten immer neue Muster aus dem Fernen Osten und vom amerikanischen Kontinent mit. Das hatte zur Folge, daß nun auch vollkommen neuartige Motive – fremde Vögel, Blumen und Tiere – neben den traditionellen Stickmustern zu finden waren.

Um die Mitte des 18. Jahrhunderts gab es in vielen großbürgerlichen Häusern spezielle Handarbeitszimmer, in denen große handgestickte Wandbilder mit kunstvoll geschnitzten Rahmen hingen. Als aber dann die damals neuartigen bedruckten Stoffe immer preiswerter und für nahezu jeden erschwinglich wurden, verlor das Sticken immer mehr an Popularität. Hinzu kam, daß während des frühen 19. Jahrhunderts die britische Mittelschicht als Folge der Industrialisierung immer reicher wurde und damit begann, Freizeitbeschäftigungen nachzugehen, die bis dahin dem Adel vorbehalten waren. Für die Stickerei blieb da nicht mehr viel Zeit übrig.

Doch das sollte sich ändern. Schon in der zweiten Hälfte des 19. Jahrhunderts verbrachten wieder viele Frauen und Mädchen der Mittelklasse mehr Zeit mit Sticken, Häkeln, Makramee und Klöppeln. Ihre Häuser waren voll mit gestickten Kissen, Teppichen, Bildern, Zierdeckchen, Deckchen für Sessellehnen und

anderen Textilien, die nach Vorlagen aus den immer zahlreicher werdenden Frauenzeitschriften gefertigt wurden. Die fertigen Handarbeiten waren zumeist – als Beweis für die Geschicklichkeit der Damen des Hauses – als Dekoration in den Wohnzimmern zu finden.

Kreuzstich wurde fast nur noch für Stickmustertücher verwendet, bis in Europa und Amerika eine neue Art von Kreuzstichstickerei in Mode kam, die sich «Berliner Wollstickerei» nannte.

STICKMUSTERVORLAGEN

Viele Frauen besaßen eigene Sammlungen von Stickmustertüchern, die sie im Lauf der Jahre gestickt hatten. Zahlreiche dieser Stücke sind erhalten geblieben und bilden ein einzigartiges Zeugnis häuslicher Stickerei, wie sie sich zwischen dem 15. und 20. Jahrhundert entwickelt hat. Stickmustertücher wurden hauptsächlich zum Üben und Ausprobieren von verschiedenen Stichen, Techniken und Mustern verwendet, die dann als Vorlagen dienten.

Die Mustertücher wurden zunächst innerhalb der Familien jeweils von der Mutter an die Tochter weitergegeben, später allerdings auch an Außenstehende weitergereicht. So ist zu erklären, daß auf vielen Mustertüchern fast identische Muster gestickt sind, wenn auch in verschiedenen Techniken. Die erste schriftliche Erwähnung eines Sticktuches ist in Elisabeth von Yorks Buchhaltung von 1502 festgehalten: «Leinenstoffe für Sticktücher».

Frühe Sticktücher zeigen realistische Abbildungen und kunstvoll gestaltete Blumen, Früchte, Tiere, Vögel und Figuren sowie Bordüren. Die Tücher waren aus Leinen oder feinem Stramin, bestickt mit Seide, Leinen oder Wolle in verschiedenen Sticktechniken. Beispiele aus dem 18. und 19. Jahrhundert sind meistens im Kreuzstich gearbeitet. Sie zeigen zunehmend Szenen aus der Bibel, aber auch die Buchstaben des Alphabets wurden nachgestickt.

DIE KREUZSTICH-STICKEREI
war und ist eine beliebte Möglich-
keit, häusliche Wäsche zu ver-
zieren. Während der zwanziger
und dreißiger Jahre dieses Jahrhun-
derts erlebte die Kreuzstichtechnik
eine Renaissance.

Während des 19. Jahrhunderts wurde Kindern als Teil der allgemeinen Ausbildung in den Schulen und Waisenhäusern das Herstellen von Sticktüchern beigebracht. Die Herstellung dieser Tücher mit Buchstaben vermittelte ihnen nicht nur die Grundlagen des Stickens – sie lernten dabei auch das Buchstabieren. Nach der Schule verdingten sich viele Mädchen als Hausangestellte. Wenn sie gut buchstabieren und sticken konnten, durften sie hoffen, als Kammerzofe statt als Küchenmädchen angestellt zu werden. Eine Kammerzofe mußte gut nähen, sticken und buchstabieren können, um Wäsche und Kleider zu reparieren und Namen oder Monogramme darauf zu sticken. Normalerweise stickten die Mädchen pro Schuljahr einmal alle Buchstaben des Alphabets auf Sticktücher. Die Lehrerinnen begleiteten die Arbeiten ihrer Schülerinnen mit einem Notizbuch, in dem die Fortschritte aller Mädchen festgehalten wurden.

Einige dieser Bücher sind erhalten geblieben. Sie zeigen die schönsten Stickwerke der einzelnen Kinder. Außerdem sind Beispiele von anderen Handarbeiten wie Stricken, Häkeln, Patchwork und Nähen in diesen «Kleinkunstwerken» enthalten. Ein typisches Buch aus jener Zeit zeigt Arbeiten, die Kinder der Westbourne Union Schule in Sussex zwischen 1842 und 1844 durchführten. Auf jeder Seite des Buches ist oben ein Straminstreifen angeheftet, auf dem der Name und das Alter der Schülerin gestickt ist.

Auf den meisten Mustertüchern des 19. Jahrhunderts sind ein oder zwei Alphabete und die einzelnen Ziffern gestickt, oftmals umrahmt von einer schmalen Bordüre. Die zumeist bunten Tücher sind in grober Wolle oder – seltener – aus Leinen gearbeitet. Kreuzstiche und Kästchenstiche sind die beiden häufigsten Sticharten auf diesen Sticktüchern. Das Datum der Fertigstellung, Vor- und Nachname des Mädchens sowie sein Alter sind fast immer angegeben. Es gibt auch einfarbige Sticktücher. Sie wurden von Mädchen aus Waisenhäusern gearbeitet und enthalten bis zu zwanzig Alphabete oder religiöse Texte, Moralverse sowie Motive von Häusern, Tieren und Blumen.

Neben dem Sticken wurde natürlich auch das Nähen in der Schule vermittelt. Nachfolgend ein Zitat aus dem 1849 veröffentlichten Unterrichtsbuch «Einfache Näharbeiten in allen Formen» der Nationalen Industrieschule von Holy Trinity in Finchley bei London: «Die praktische Kenntnis der Näharbeiten ist sehr wichtig für Frauen der niedrigen Klasse, insbesondere in Hinsicht auf ein nettes und gut ausge-

stattetes Zuhause sowie als einträgliche Geldquelle zur Aufbesserung der Haushaltskasse.» Das Handbuch beschreibt auch zwölf Stiche, unter anderen den Kreuzstich, Hexenstich und Knopflochstich.

Die in den Schulen gefertigten Nähtücher bestanden zumeist aus weißem Leinen oder Baumwolle. Die große Zahl erhaltener Tücher belegt den hohen Stellenwert und Verbreitungsgrad der verschiedenen Techniken, mit denen Kleidungs- und Wäschestücke in der damaligen Zeit angefertigt und bearbeitet wurden.

BERLINER WOLLSTICKEREI

Diese Art der Kreuzstich-Stickerei entwickelte sich um 1830 in Berlin, dabei wurde mit Wollstickgarn in besonders vielen Farben auf Stramin gestickt. Die Muster waren als Zählvorlagen auf Karopapier gedruckt, wobei jedes Kästchen für einen Stich steht. Durch Abzählen der Kästchen und Verwendung der angegebenen Farben konnte die Stickerin jedes Muster genau nachsticken. Es entstanden hauptsächlich Bilder, Kissen, Stuhl- und Hockerbezüge, aber auch Pantoffeln, Nadelkissen und Taschen. Mit einem besonderen Florstich ließen sich dreidimensionale Effekte erzielen. Teile des Musters wurden in dieser Schlingen bildenden Technik dicht bestickt und nachträglich aufgeschnitten (zurechtgeschnitten).

Die Zählvorlagen waren zunächst handcolorierte Schwarzweißdrucke, als jedoch diese Modewelle Europa und Amerika überrollte, wurden sie später in Farbe gedruckt, um die große Nachfrage decken zu können. Seit 1831 wurden Wolle und Stickvorlagen in großen Mengen von Mr. Wilks, dem Inhaber eines angesehenen Londoner Handarbeitsgeschäfts, angeboten. Um 1840 waren bereits 14 000 verschiedene Mustervorlagen im Handel erhältlich, und 1844 warb Mr. Wilks damit, daß sein Laden «die größte und beste Auswahl im Königreich» anbietet.

Für das Stickgarn wurden besondere Wollqualitäten versponnen, die schöneren Glanz hatten und farbechter waren als die bisherigen Stickwollen. Die Wolle wurde in Gotha gesponnen und dann in Berlin gefärbt. Sie wurde unter der Bezeichnung Zephirwolle verkauft und war wegen ihres weichen, seidigen Glanzes sehr beliebt. Ab 1850, mit Einführung der Anilinfarben, wurden die Farbtöne allerdings immer greller. Berliner Wollstickerei wurde normalerweise auf weißem deutschen Stramin gestickt, der als sehr strapazierfähig galt. Außerdem war jeder zehnte Faden gelb gefärbt, um das Auszählen zu erleichtern.

Am beliebtesten waren zunächst Blumenmuster. Ganze Sträuße von Passionsblumen, Rosen, Stiefmütterchen oder Primeln wurden auf hellen Hintergründen gestickt. Nach 1860 änderte sich dann die Mode – nun waren exotische Blumen wie Fuchsien, Lilien und Orchideen gefragt. Das Andersartige hielt Einzug im zeitgenössischen Geschmack. Um die Exotik des Bildes zu betonen, wurde erstmals auch auf dunklen bis schwarzen Hintergründen gestickt.

Je mehr diese Technik in Mode kam, desto überladener und schriller wurden die Muster – das Ergebnis der einen oder anderen Stickarbeit war nicht selten extrem grell und aufdringlich. Oft wurden sehr helle und extrem dunkle Farben nebeneinander eingesetzt, um in Blätter- und Blütenmotiven natürliche Schattierungen herauszuarbeiten. Tiermotive, besonders die Darstellung bunter Papageien, waren ebenfalls sehr beliebt. Einige Stickerinnen arbeiteten sogar komplette, meist romantische Gemälde berühmter Maler nach. In Amerika kamen Portraits der Präsidenten Washington und Franklin in Wollstickerei auf Kissenbezügen und Bildern ganz groß in Mode. Das Zusammenspiel von Licht und Schatten wurde äußerst effektvoll durch die Einarbeitung von Glasperlen und Seidenfäden dargestellt.

Zwischen 1860 und 1880 nahm die Beliebtheit der Motive aus der Natur stetig ab. An ihre Stelle traten nun geometrische Formen und Muster, wie etwa griechische Bordüren und Arabesken. Die Frauenzeitschriften aus dieser Zeit haben die Modetrends ver-

folgt und mitbestimmt. So druckte «The Young Ladies' Journal» von 1864 eine Vielzahl an geometrischen Bordüren ab. Und die Redaktion des Journals erklärte: «Wir versuchen, unseren Lesern so viele Streifenmuster und Bordüren für Berliner Handarbeit wie möglich anzubieten, weil wir glauben, daß sie gut zu verwenden sind. Sie sind einfach zu machen … und wenn die Arbeiten fertig sind, bieten sie viele praktische Anwendungsmöglichkeiten – ob als Kissen, Sitzfläche, Tischdeckenbordüre etc.»

DIE LETZTEN HUNDERT JAHRE

Etwa um 1885 ließ die Popularität der Berliner Wollstickerei in Europa und Amerika stetig nach. Die grellen, auffälligen Formen und Muster wurden durch Designs mit antiken und ethnischen Motiven ersetzt. 1872 wurde in London die Royal School of Needlework (RSN – Königliche Schule für Handarbeit) gegründet, die zwei Ziele verfolgte: den hohen Standard, den das Stickhandwerk erreicht hatte, zu halten und womöglich noch zu verbessern sowie Frauen Verdienstmöglichkeiten zu beschaffen. Die Produkte dieser Frauen zeigen einen hohen Qualitätsstandard, und die Ergebnisse waren immer dann besonders gut, wenn nach Vorlagen von führenden Künstlern und Illustratoren – wie William Morris oder Walter Crane – gearbeitet wurde. In speziellen, von der RSN durchgeführten Kursen wurde das Restaurieren antiker und wertvoller Textilien gelehrt.

1876 zeigte die RSN auf der Jahrhundertausstellung in Philadelphia einen Teil ihrer Künstler-Auftragsarbeiten. Die innovativen Entwürfe und die hervorra-

DER KREUZSTICH ist auf traditionellen Stickereien der verschiedensten Kulturen zu finden. In diesen Beispielen aus Thailand sind die Kreuzstiche mit Flachstichen und Applikationen kombiniert.

13

gende technische Qualität dieser Exponate haben das Interesse an der Stickerei wieder aufleben lassen. Candace Wheeler, eine amerikanische Stoffdesignerin, und Louis Tiffany gründeten in New York die Gesellschaft für Dekorative Kunst. Ihr Einsatz half enorm, in vielen Bereichen des amerikanischen Kunsthandwerks die Nachfrage nach Gebrauchskunst wiederzubeleben.

Das Studium alter Stickereien hat eine Vielzahl an Stichen, Formen und Mustern zutage gefördert. Als das Reisen in fremde Länder immer sicherer, bequemer und erschwinglicher wurde, sind auch immer mehr Frauen verreist. Sehr oft brachten sie Stickereien von den Ländern zurück, die sie besucht hatten – besonders aus Osteuropa, Italien, Griechenland und Indien. Die mitgebrachten Souvenirs wurden genau untersucht und nicht selten nachgestickt.

1920 wurde in England die Stickerinnung gegründet. Ihre erste Präsidentin, Louisa Pesel, hat viel Mühe und Energie darauf verwendet, die Popularität des Stickens und hierbei besonders die traditionellen Stiche wie Kreuzstich, Vorstich und Holbeinstich zu erhöhen. Die Mitglieder der Innung wurden immer wieder ermuntert, ihr Interesse an traditionellen und historischen Mustern und Vorlagen wachzuhalten. In Museen und privaten Sammlungen wurden zahlreiche originelle Stickmuster wiederentdeckt, die fast schon in Vergessenheit geraten waren. Viele dieser Vorlagen werden heute wieder nachgestickt.

In der ersten Hälfte des 20. Jahrhunderts haben sich sehr viele Frauen mit Sticken, Stricken und Häkeln beschäftigt und viele Stunden mit diesem Hobby verbracht. Grundlage vieler zwischen 1920 und 1940 entstandener Arbeiten – seien es Stickbilder oder Tischwäsche – waren oftmals die zu dieser Zeit äußerst beliebten Stickpackungen, die man in Handarbeitsgeschäften kaufen oder per Katalog bestellen konnte. Diese Packungen enthielten alle für eine Arbeit benötigten Materialien: Leinen- oder Baumwollstoff, auf dem das Stickmuster aufgedruckt war, sowie die benötigte Anzahl farbiger Fäden. Die Palette an verarbeiteten Mustern und Designs war zu die-

INDISCHE KREUZSTICHMUSTER

werden nicht nach Zählvorlagen, sondern frei gestickt. In den frischen Farben und lebendigen Mustern spiegeln sich östliche und westliche Einflüsse.

ser Zeit sehr groß und reichte von bunten, der Natur entlehnten Mustern über volkstümliche Vorlagen bis hin zu abstrakter Kunst. Auch waren Einflüsse aus der Art deco unübersehbar. Auf Papier gedruckte Mustervorschläge waren auch ohne Stoff erhältlich, sie lagen aber auch den modernen Frauenzeitschriften bei, die auf diese Weise ihre Verkaufsauflagen steigerten. Das Muster war mit wachshaltiger Tinte auf die Papierbögen gedruckt. Die Bögen wurden mit der bedruckten Seite auf den Stoff gelegt und das Muster aufgebügelt. Die sorgfältig gestickten Wäschestücke blieben oft unbenutzt, waren aber beliebt und hochgeschätzt und wurden innerhalb der Familien jeweils von der Mutter an die Tochter weitergegeben.

Nach dem Zweiten Weltkrieg kamen geometrische Muster wieder in Mode – für die «altmodischen» Muster auf den Wandbildern war kein Platz mehr, und eine neue gesellschaftliche Identität verlangte nach neuen Ausdrucksformen. Als sich aber Ende der sechziger und Anfang der siebziger Jahre das Bewußtsein in weiten Teilen der Öffentlichkeit erneut für natürliche und einfache Materialien und Motive öffnete, erlebte die Stickerei eine Renaissance. Preiswerte Angebote der Touristikbranche ermöglichten immer mehr Menschen, ihren Urlaub in fernen Ländern zu verbringen. Dort wurden viele Kleider und Wohnutensilien mit bäuerlichen Motiven gekauft. Und heute, in einer Zeit, in der immer mehr Menschen immer mehr Freizeit haben, haben viele Frauen und Männer die Stickerei als neues, interessantes Hobby für sich entdeckt.

DIE STICKEREI EROBERT DIE WELT

In vielen Teilen der Welt wurde die Technik des Stickens benutzt, um Stoffe zu verzieren und zu verschönern. In Europa wurde die Stickerei ursprünglich eingesetzt, um Kleider und Wäschestücke aufzuwerten und um auf mehr oder weniger diskrete Weise auf den Familienreichtum hinzuweisen. Nach und nach wurden die Muster und einzelnen Stichtechniken zwischen den verschiedenen Kulturen und geographischen Regionen ausgetauscht und vermischt – identische Muster, Motive und Techniken sind nun in vielen Teilen der Welt zu Hause. Regionale Eigenarten haben sich jedoch bis zum heutigen Tag erhalten. So wurden in China die Stickereien meistens auf weißem Stoff mit dunkelblauen Fäden gearbeitet. Für viele Liebhaber sind Stickereien, bei denen maximal zwei Farben verarbeitet wurden, die eindrucksvollsten.

KAPITEL ZWEI

PRAKTISCHE GRUNDLAGEN

EINFÜHRUNG

....

Selbst für den Anfänger stellen Stickarbeiten mit dem Kreuzstich kein Problem dar. Sehr schnell wird sich auch eine ungeübte Stickerin zutrauen, anspruchsvolle, vielfarbige Muster zu sticken. Um exakte und gleichmäßige Stiche zu erhalten, sollten Sie den Stoff bei allen Stickarbeiten – Ausnahme: sehr kleine Arbeiten – in einen Stickrahmen spannen. Bei den einzelnen Stickarbeiten dieses Buches ist darauf verzichtet worden, den Materialverbrauch anzugeben, statt dessen werden Angaben über das Ausmessen und Ausrechnen des Stoffbedarfs gemacht. Den Stickgarnverbrauch kann man schätzen, indem man je Farbe ein komplettes Strängchen verstickt und das Gestickte nachmißt. Für die kleinen Modelle braucht man je Farbe weniger als ein Strängchen. Sie sind daher geeignet, Reste aufzubrauchen. Falls Sie Linkshänderin sind, werden viele der Muster einfacher zu sticken sein, wenn Sie das Buch vor einem Spiegel aufstellen und dann nach dem Spiegelbild sticken.

DAS MATERIAL

....

Für Kreuzsticharbeiten eignen sich besonders Handarbeitszählstoffe. Diese Gewebe weisen die gleiche Anzahl von Kett- und Schußfäden (waagrechte und senkrechte Gewebefäden) pro Quadratzentimeter auf – die Kreuzstiche werden dadurch quadratisch. Das Zählmaß wird üblicherweise in Fäden oder Stichen je 10 cm angegeben und ermöglicht es, genau nach Zählvorlage zu arbeiten. Besonders geeignet für die Kreuzstich-Stickerei sind Aidagewebe, bei denen Fadengruppen zu klaren Stichquadraten zusammengefaßt sind. Diese Gewebe – zum Beispiel IDA, AIDA, FEINAIDA, STERN-AIDA, HERTA und HERTA-RETTE – haben unterschiedliche Stichzahlen und sind in mehreren Farben erhältlich.

Alle Stickarbeiten in diesem Buch wurden mit Sticktwist gestickt. Dieses Stickgarn ist aus sechs lose zusammengezwirnten Einzelfäden gefertigt und kann somit in verschiedene Stärken aufgeteilt werden. Die ideale Stickfadenlänge ist 40 cm. Am besten die Fäden vorschneiden und zu einem Zopf flechten, aus dem Sie die einzelnen Fäden nach Bedarf herausziehen können. Stumpfe Sticknadeln sind für Handarbeitsstoffe die richtigen, weil sie die Gewebefäden trennen, anstatt sie zu spalten. Die Nadeln sind in den Größen 14 (dick) bis 26 (fein) erhältlich.

....

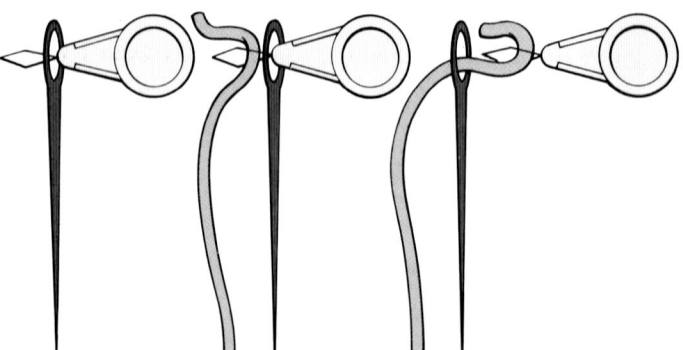

MIT EINEM EINFÄDLER: Stecken Sie die Drahtschlinge des Einfädlers durch das Nadelöhr. Führen Sie das Fadenende durch die Schlinge, und ziehen Sie Schlinge und Faden wieder zurück durch das Nadelöhr.

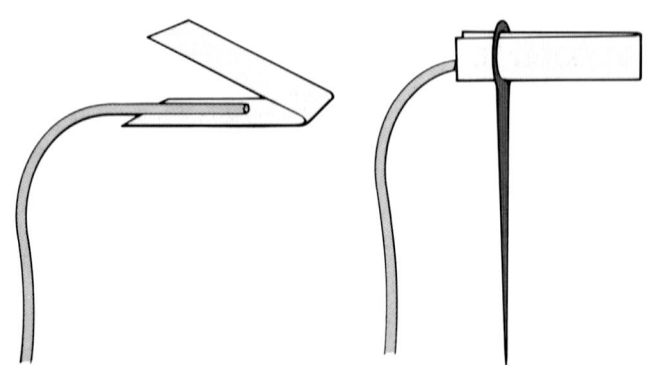

MIT EINEM PAPIERSTÜCK: Schneiden Sie einen schmalen, etwa 5 cm langen Papierstreifen aus. Falten Sie ihn, und legen Sie das Fadenende längs zwischen die beiden Hälften. Schieben Sie nun den gefalteten Papierstreifen mit dem Fadenende durch das Nadelöhr.

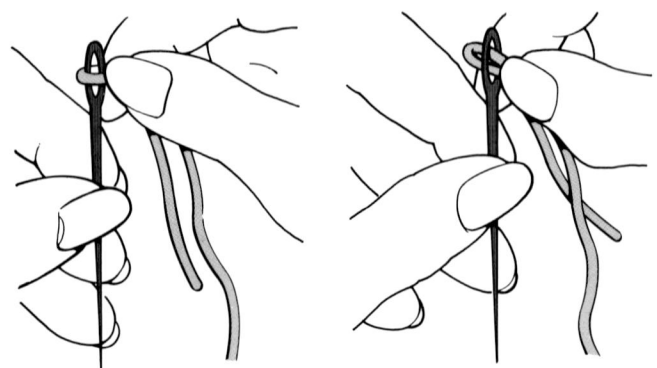

MIT GEFALTETEM FADEN: Legen Sie das Fadenende straff um das Nadelöhr. Schieben Sie den geknickten Faden von der Nadel, und fädeln Sie ihn ein.

ANFANGEN UND BEENDEN

Machen Sie niemals einen Knoten in das Stickfadenende. Knoten können durch den Stoff durchscheinen und dazu noch auf der rechten Seite eine unansehnliche Beule bilden. Außerdem können Knoten in der Wäsche aufgehen, und dann löst sich die in vielen Arbeitsstunden erstellte Stickerei auf. Sichern Sie statt dessen den Faden mit zwei oder drei kleinen Stichen an einer Stelle, die später über-

stickt wird. Sie können auch ein ungefähr 5 cm langes Fadenende lose hängen lassen, um es später zu vernähen.

An bereits bestickten Stellen vernähen Sie den Fadenanfang auf der Rückseite, indem Sie die Nadel etwa 2,5 cm unter den Stichen durchführen. Das Fadenende ebenso sichern.

STICKRAHMEN

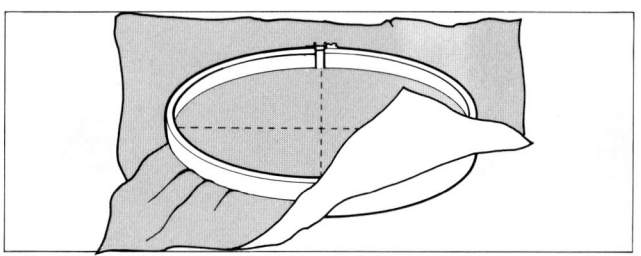

SPANNRING

1 Runde Stickrahmen gibt es in verschiedenen Größen. Sie bestehen aus zwei ineinanderpassenden, runden Holzrahmen, zwischen die der Stoff gespannt wird. Mit einer Schraube am äußeren Ring werden beide Rahmen fixiert.

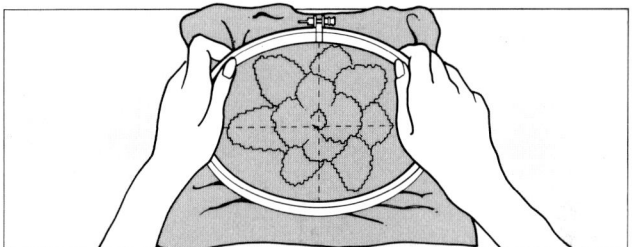

4 Die Stickerei stets aus dem Rahmen nehmen, wenn Sie die Arbeit unterbrechen. Die Schraube lösen, mit den Daumen den inneren Ring hinunterdrücken und gleichzeitig den äußeren Ring hochschieben.

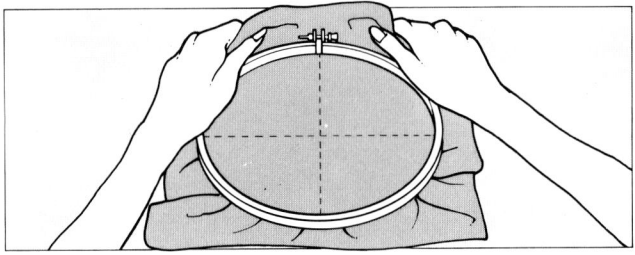

2 Spannen Sie den Stoff – rechte Seite oben – über den kleinen Ring. Drücken Sie nun den größeren Ring von oben über den kleineren, und ziehen Sie die Schraube leicht an.

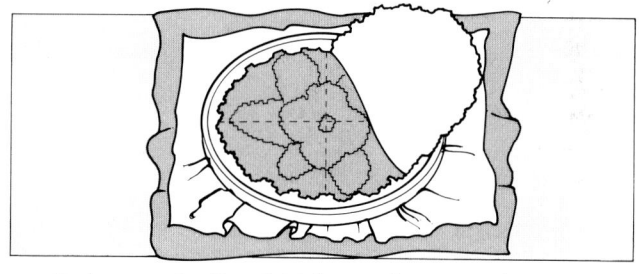

5 Sie können Stoff und Stickerei schützen, indem Sie Seidenpapier mit einspannen und dort entfernen, wo Sie gerade sticken.

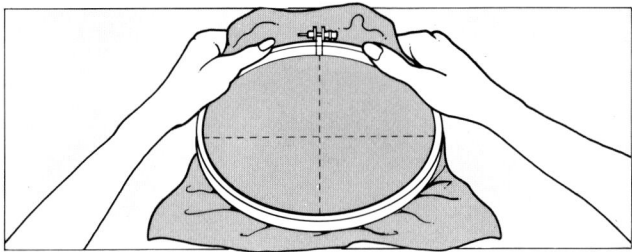

3 Spannen Sie das Gewebe mit den Fingern gleichmäßig nach, und achten Sie darauf, daß die Ringe ineinandergesteckt bleiben. Nun die Schraube fest anziehen. Den Ring im Verlauf der Stickerei immer weiterrücken.

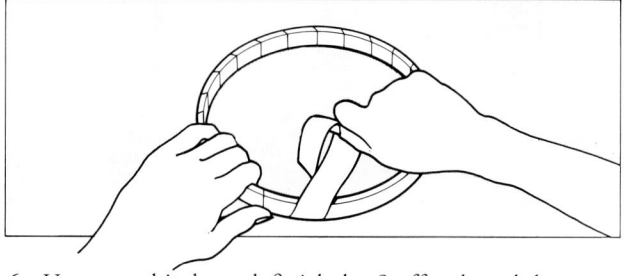

6 Um zu verhindern, daß sich der Stoff während des Stickens lockert, umwickelt man den inneren Ring mit dünnen Baumwollstreifen. Dadurch schützen Sie auch empfindliche Stoffe vor Beschädigungen.

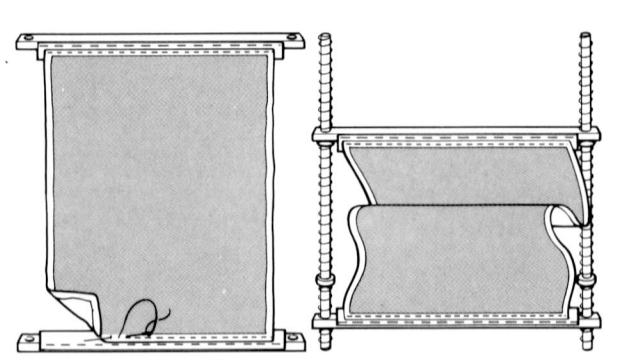

GOBELIN-SPANNRAHMEN

Dies ist ein einfacher, nicht verstellbarer Holzrahmen. Achten Sie darauf, daß der Stoff fadengerade gespannt wird. Dies gelingt, wenn Sie sowohl auf den Holzleisten als auch auf dem Stoff an allen vier Seiten die Mitten markieren. Die erste Seite von der Mitte aus mit Pinnadeln oder Klammern befestigen, danach die gegenüberliegende. Die beiden anderen Seiten ebenso.

GOBELIN-SCHRAUBRAHMEN

1   Schlagen Sie etwa 1,5 cm des Stoffes um. Markieren Sie die an den Holzleisten befestigten Gurtbänder sowie die obere und untere Kante des Stoffes in der Mitte. Bringen Sie die Markierungen zur Deckung, und nähen Sie die Stoffkanten mit Rückstichen (Seite 22) von der Mitte nach außen an die Gurtbänder. Verwenden Sie dafür starken Knopflochzwirn.

2   Stecken Sie die beiden Gewindestangen in die obere und untere Holzleiste. Ist der Stoff länger als die Gewindestangen, wird er vor dem Spannen um die obere oder untere Holzleiste gewickelt.

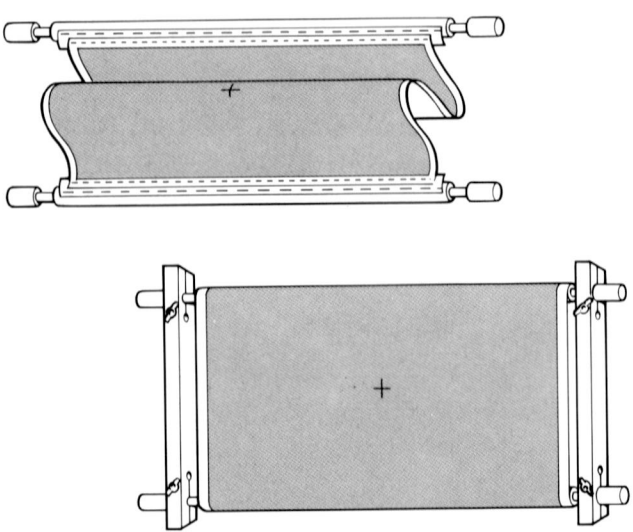

GOBELIN-ROLLRAHMEN

1   Befestigen Sie die Ober- und Unterkante des Stoffes am Gurtbandgewebe der Rollen (siehe auch Schraubrahmen). Lösen Sie die Flügelmuttern an den Seiten, und lassen Sie die Rollen einrasten. Drehen Sie den Stoff auf eine der Rollen, bis Sie die gewünschte Stofflänge erhalten.

2   Spannen Sie den Stoff, indem Sie die Rollen nach außen drehen und befestigen. Die Flügelmuttern mehrmals lockern und wieder anziehen, bis der Stoff gleichmäßig gespannt ist. Lösen Sie, wenn Sie die Arbeit unterbrechen, stets die Spannvorrichtung.

3   Ziehen Sie nun die Holzleisten auseinander, bis der Stoff leicht gespannt ist, dann drehen Sie die Muttern von innen entlang der Gewindestangen bis an die Leisten. Drehen Sie je eine Mutter auf die vier Gewindeenden. Jedes der vier Leistenenden liegt nun zwischen zwei Muttern, die abschließend festgezogen werden.

4   Befestigen Sie die Stoffseiten mit Nadel und Knopflochzwirn an den Gewindestangen, jeweils in der Mitte beginnend. Verknoten Sie die Fadenenden am Rahmen. Lockern Sie die Spannung in den Arbeitspausen.

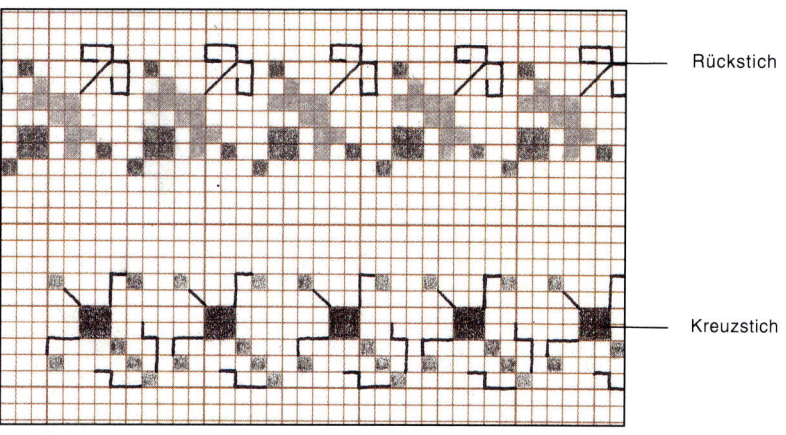

JEDES FARBIGE KARO in der Zählvorlage stellt einen Stich über ein oder mehrere Stichquadrate dar. Im vorliegenden Buch wird in den Anleitungen zu jeder Stickarbeit jeweils die genaue Anzahl der Stichquadrate angegeben.

Rückstich

Kreuzstich

NACH DER ZÄHLVORLAGE ARBEITEN

Bevor Sie mit dem Sticken eines neuen Projekts beginnen, sollten Sie zuerst immer die Anleitung lesen. Dort erfahren Sie genau, wie Sie das Muster auf den Stoff übertragen und von welcher Stelle aus man mit dem Sticken beginnen sollte – normalerweise ist das die Mitte. Markieren Sie diesen Punkt mit Bleistift, und entfernen Sie ihn später wieder.

Arbeiten Sie sich vom Anfangspunkt nach außen vor. Jedes farbige Karo in der Zählvorlage stellt einen Stich dar. Auch die Anzahl der Stichquadrate oder Gewebefäden ist angegeben – wenn Sie genau nach Anleitung arbeiten, ist jederzeit sichergestellt, daß das Motiv in den richtigen Maßen auf den Stoff übertragen wird.

STRAMIN ALS STICKHILFE

Mit dieser Technik können Sie Kreuzsticharbeiten sauber und exakt auch auf Stoffe bringen, die kein klares, für Stickereien geeignetes Gewebebild aufweisen. Der Stramin, ein steifes Gittergewebe, wird als kurzfristig angebrachtes Zählgewebe benutzt. Am besten eignet sich dafür der zweifädige weiße Gobelinstramin, den es in Stichzahlen von

26 bis 80 Stichen auf 10 cm gibt. Dieser Stramin wurde beispielsweise für die Tulpen-Bettwäsche auf Seite 39 verwendet. Die Benutzung von Stramin ermöglicht es, alle Stickvorlagen im Buch auch für nicht-quadratisch gewebte Stoffe – einschließlich Frottierhandtücher und Maschenware oder Sweatshirt-Stoff – anzuwenden.

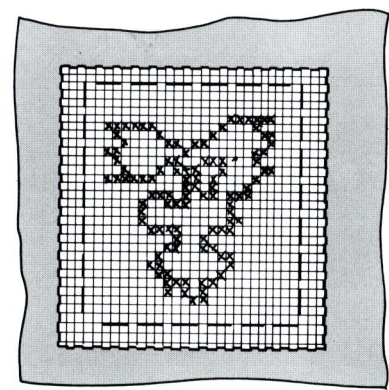

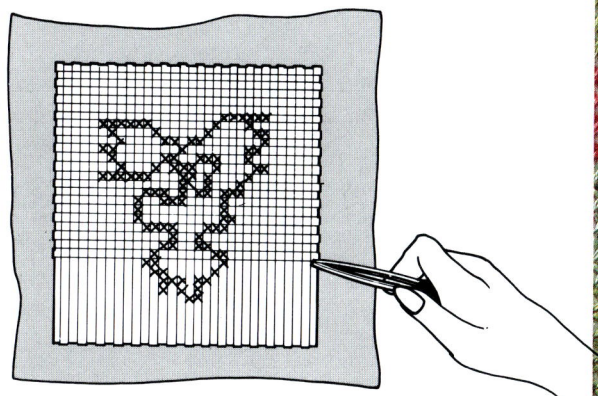

1 Benutzen Sie Stramin, der die gleiche Stichzahl hat wie der in der Anleitung vorgeschlagene Stoff. Das Straminstück muß groß genug sein, um das vollständige Motiv aufnehmen zu können. Heften Sie es auf die ausgewählte Stelle des Stoffes. Wichtig: Das von Ihnen ausgesuchte Muster wird durch beide Stoffe gestickt.

2 Nachdem die Stickerei fertiggestellt ist, werden die Heftstiche entfernt. Schneiden Sie den Stramin dicht an den äußeren Konturen des Musters ab. Mit einer Pinzette ziehen Sie die einzelnen Straminfäden vorsichtig heraus – zuerst die waagrecht verlaufenden Fäden, danach die senkrechten. Es kann hilfreich sein, den Stramin zuvor anzufeuchten.

GRUNDSTICHE

Hier finden Sie die Grundstiche für die Kreuzstich-Stickerei, ergänzt um den Knötchenstich, mit dem Flächen akzentuiert und Motivdetails hervorgehoben werden. Aufgeführt werden auch zwei Kreuzstichvariationen, bei denen Vorder- und Rückseite schön aussehen. Sie eignen sich besonders für Stickereien, die im Gebrauch beidseitig zu sehen sind.

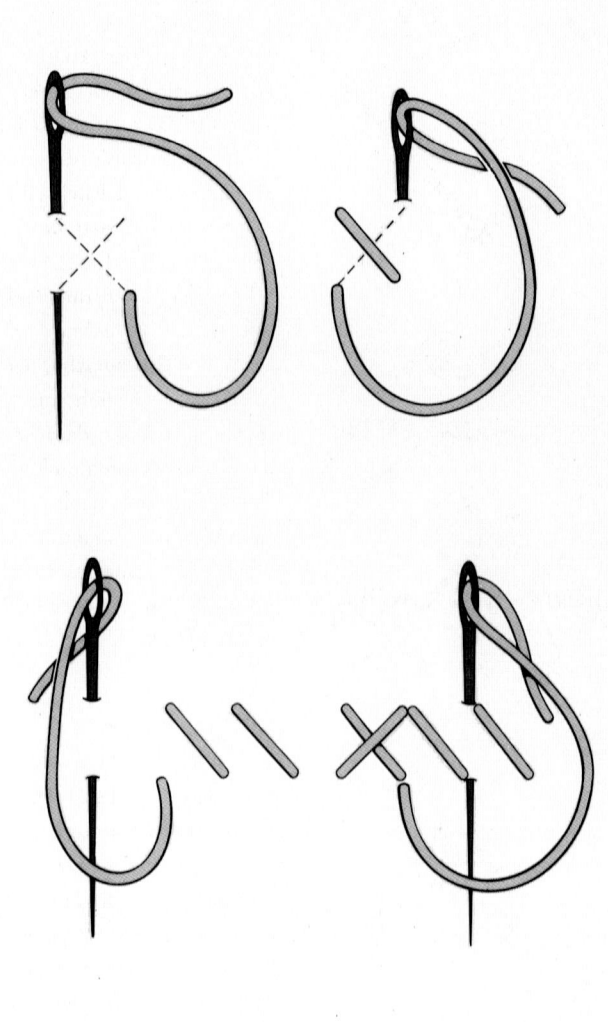

VORSTICH

Dieser Konturstich erzeugt einen luftigen, etwas spielerischen Effekt. Die Stiche sind genauso lang wie der Abstand zwischen ihnen. Die Nadel wird mit regelmäßigen «Ein-Aus-Bewegungen» durch den Stoff geführt.

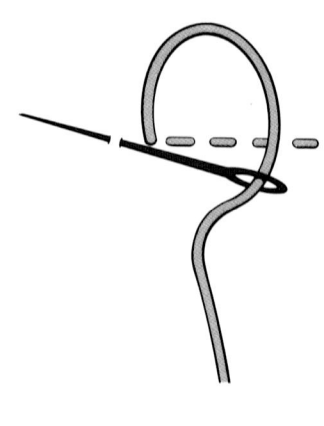

RÜCKSTICH

Eine durchgehende, leicht erhöhte Linie erhalten Sie durch diesen Stich. Er ist der Grundstich für den umschlungenen Rückstich (siehe unten) und wird bevorzugt zum Umsäumen und für Zierlinien verwendet. Er wird von rechts nach links gearbeitet, wobei die Stichlängen auf der Rückseite doppelt so lang sind wie die auf der Vorderseite.

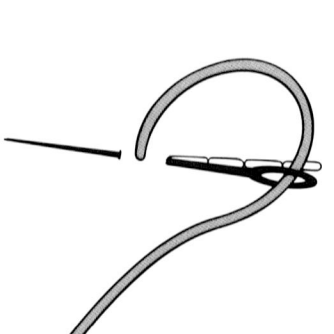

UMSCHLUNGENER RÜCKSTICH

Dieser Stich macht eine dickere und kräftiger wirkende Linie als der Rückstich. Zweifarbig gearbeitet wirkt er besonders reizvoll. Um diesen Effekt zu erreichen, wird zuerst eine Rückstichlinie (siehe oben) fertig gestickt, dann mit einer stumpfen Nadel (um nicht den Stoff zu durchstechen) die zweite Farbe um die Rückstiche geschlungen.

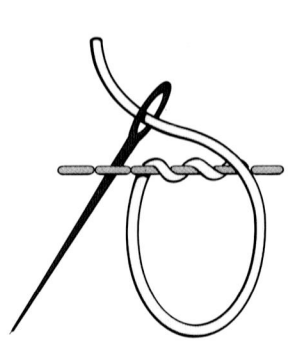

KREUZSTICH

Es bestehen mehrere Möglichkeiten, mit dem Kreuzstich Effekte zu erzielen. Grundsätzlich sollten alle Deckstiche in die gleiche Richtung verlaufen – normalerweise von links unten nach rechts oben. Um Licht-Schatten-Effekte in eine Arbeit zu bringen, kann die Deckstichrichtung gruppenweise variiert werden.

Die beiden oberen Darstellungen zeigen, wie der einzelne Kreuzstich gearbeitet wird. Diese Technik ergibt leicht erhöhte Stiche; jeder einzelne Stich wird fertiggestellt, bevor der nächste angefangen wird. Feine Detailarbeiten sollten auf diese Art und Weise gestickt werden.

Um Flächen zu füllen, werden Kreuzstiche reihenweise gearbeitet: zuerst eine Reihe (mit Grundstichen) von rechts nach links, darüber dann eine Reihe von Deckstichen von links nach rechts. Die Grundstichreihe allein verwendet, wird Halbstich genannt.

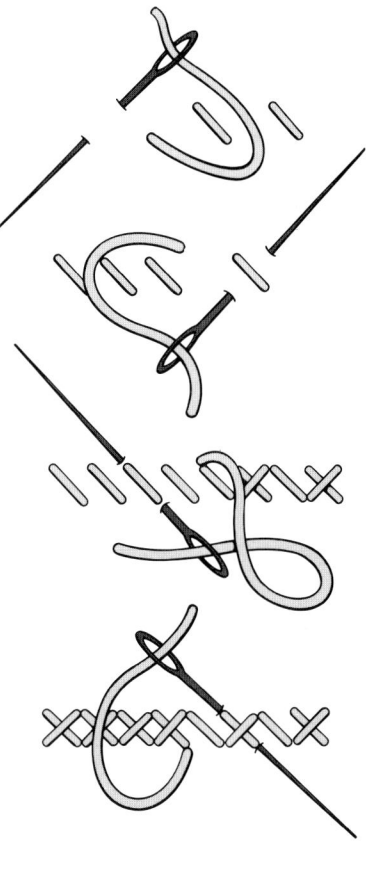

WECHSELSEITIGER KREUZSTICH

Diese Kreuzstichvariante wird in vier Arbeitsgängen gestickt. Es entstehen dabei sowohl auf der Vorderseite als auch auf der Rückseite des Stoffes Kreuzstiche (Seite 22). Für dieses Verfahren wird allerdings mehr Stickgarn gebraucht.

Sticken Sie zunächst jeden zweiten Grundstich von rechts nach links, dann in die Lücken die fehlenden Stiche von links nach rechts. In den folgenden zwei Arbeitsgängen werden in gleicher Weise die Deckstiche gestickt.

KREUZSTICH MIT KÄSTCHEN-STICH-RÜCKSEITE

Jeder Stich stellt auf der Vorderseite ein Kreuz, auf der Rückseite ein Quadrat aus vier geraden Stichen dar. Der Kästchenstich wird insbesondere dazu benutzt, Buchstaben und Monogramme auf häusliche Wäsche und Kleider zu sticken. Achten Sie darauf, daß manchmal ein zusätzlicher Stich angebracht werden muß, um ein Quadrat auf der Rückseite zu vervollständigen (Skizze unten).

Um die Verarbeitung des Kästchenstiches zu veranschaulichen, wurde die nebenstehende Skizze anders angelegt als gewohnt: Sie zeigt nicht nur den Stich, sondern (direkt daneben) auch die geraden Linien des auf der Rückseite entstehenden Quadrats.

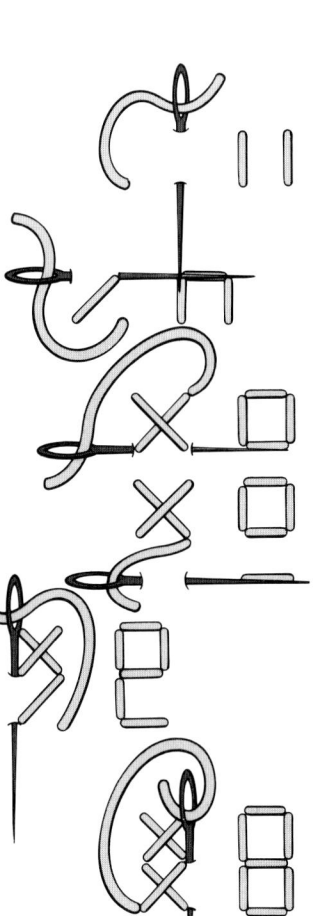

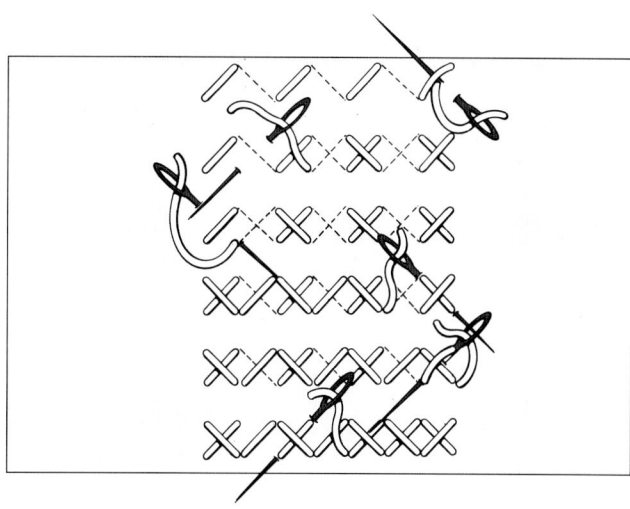

BEIDSEITIGER KREUZSTICH

Wie beim wechselseitigen Kreuzstich erhalten Sie auch mit dem beidseitigen Kreuzstich in vier Arbeitsgängen auf beiden Stoffseiten ein identisches Muster. Am Anfang jeder zweiten und jeder vierten Reihe müssen zwei Halbstiche gestickt werden.

Beginnen Sie links, und sticken Sie jeden zweiten Halbstich. Setzen Sie einen zusätzlichen Stich an der rechten Seite, bevor Sie von rechts nach links die Halbstiche mit einem Deckstich vervollständigen. Verfahren Sie in gleicher Weise, um die fehlenden Kreuzstiche zu sticken. Vergessen Sie nicht, beim Wechsel vom dritten zum vierten Arbeitsgang einen zusätzlichen Halbstich zu setzen. Beim Sticken von Buchstaben kann es notwendig sein, daß Sie einen Kreuzstich übersticken müssen, um in der Reihe bleiben zu können. Arbeiten Sie sehr sorgfältig.

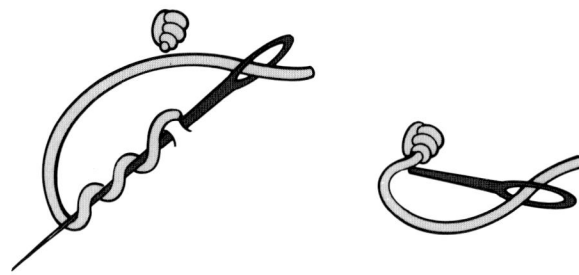

KNÖTCHENSTICH

Kreuzstichflächen werden durch Einfassungen mit Knötchenstich betont. Auch Details lassen sich mit diesem Stich hervorheben. Probieren Sie einmal, diesen Stich gleichzeitig mit drei oder vier kontrastierenden Fäden zu sticken.

Stechen Sie die Nadel durch den Stoff, und wickeln Sie den Faden mit der freien Hand zwei- oder dreimal lose um die Nadel. Straffen Sie den Faden um die Nadel, und ziehen Sie diese durch die «Fadenspirale» hindurch. Stechen Sie die Nadel nahe der Ausstichstelle wieder durch den Stoff.

EXPERIMENTELLE STICHE

Die auf dieser Doppelseite vorgestellten Sticharten können
bei allen in diesem Buch gezeigten Motiven anstelle des Kreuz-
stiches benutzt werden. Ergänzende Erläuterungen zum
Text und zu den Schaubildern dieses Kapitels finden Sie ab
Seite 140. Beachten Sie, daß die erste Stichart am besten auf
Stoff, die folgenden sieben besser auf Stramin zu arbeiten sind.

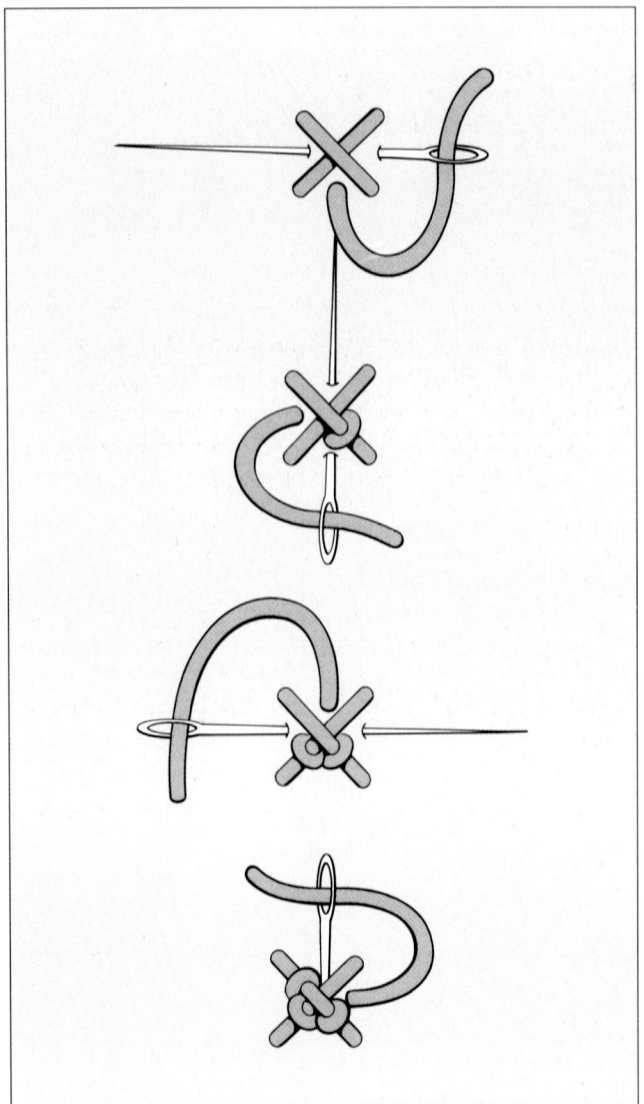

UMSCHLUNGENER KREUZSTICH

Dieser Stich erzeugt erhöhte quadratische Knoten, die speziell im Kontrast mit ebenso großen normalen Kreuzstichen
sehr gut wirken. Sticken Sie zuerst den normalen Kreuzstich.
Beginnend zwischen den unteren beiden Enden des Kreuzstiches, wird jeder «Arm» mit einem Rückstich umschlungen,
der auch durch den Stoff geht. Sie erzielen reizvolle Effekte,
wenn Sie den Rückstich in einer anderen Farbe halten.

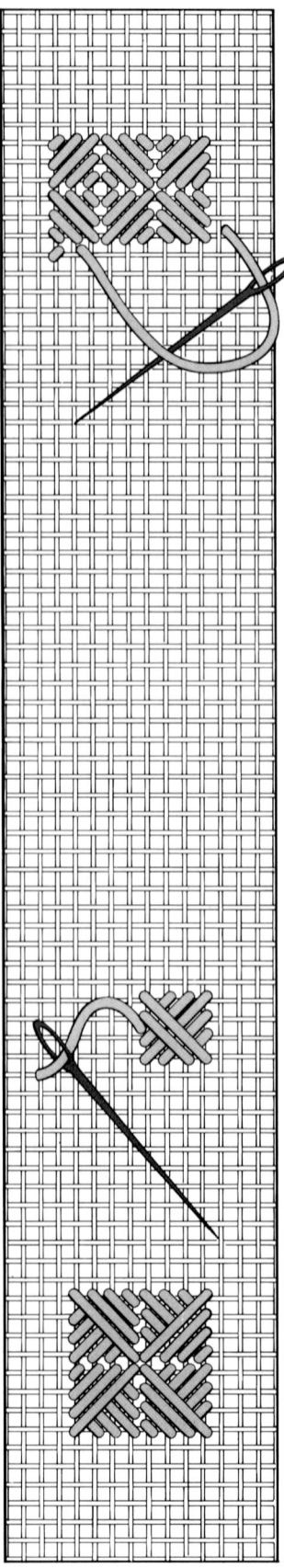

VIERECKE IM FLACHSTICH

bilden ein hübsches Muster
gleichmäßiger Quadrate.
Der entgegengesetzte Stick-
fadenlauf sorgt zudem für
attraktive Licht- und Schat-
teneffekte. Diesen Effekt
können Sie erhöhen, indem
Sie beim Sticken einer größeren Fläche unterschiedliche, aber ähnliche Farbtöne
benutzen.

Jedes Quadrat besteht aus
fünf diagonalen Stichen unterschiedlicher Länge, die
über ein bis drei Stegkreuze
reichen. Sticken Sie die
Quadrate in Reihen, und
achten Sie darauf, die Stick-
fadenverläufe bei jedem
Stich zu wechseln.

GEKREUZTE VIERECKE IM FLACHSTICH

decken den Stramin sehr
gut ab und bilden ein interessantes Muster mit leichten
Erhöhungen. Auch hier entstehen durch den entgegen-
gesetzten Stickfadenverlauf
sehr schöne Licht-Schatten-
Effekte.

Sticken Sie zuerst ein
Quadrat aus sieben diagonal
verlaufenden Stichen, die
über ein bis vier Stegkreuze
gehen. Anschließend brin-
gen Sie vier über die Hälfte
des Quadrats verlaufende
Stiche an (siehe Skizze), die
im rechten Winkel zu den
zuerst gesetzten Stichen verlaufen. Wenn Sie die Qua-
drate in Vierergruppen ord-
nen, können Sie mit den
«Deckstichen» ein rauten-
förmiges Muster bilden.

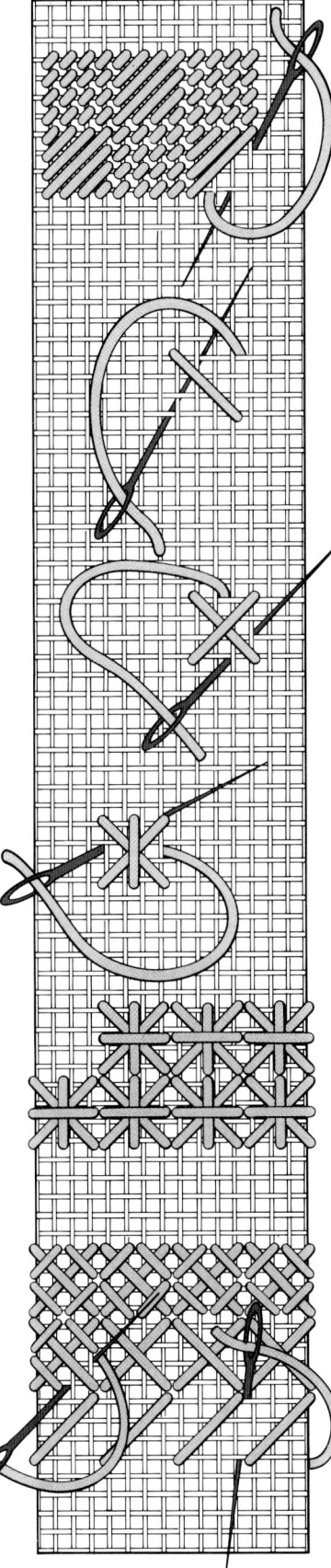

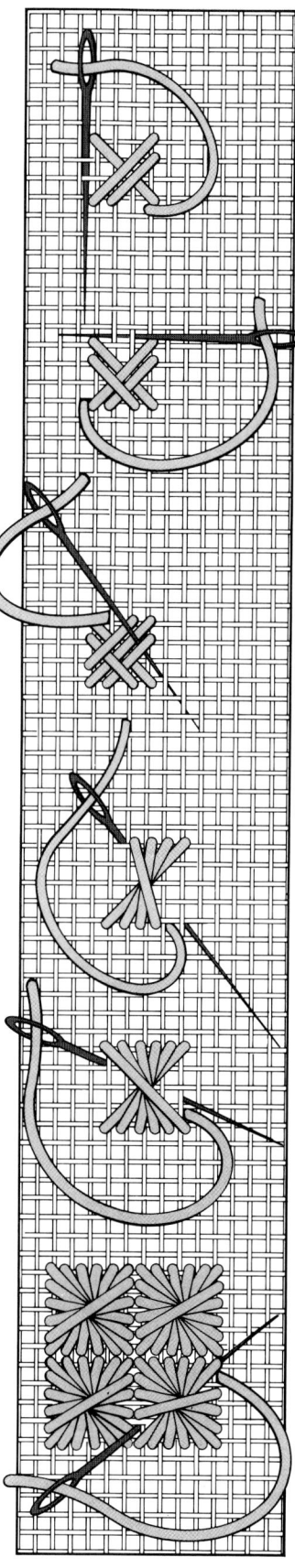

SCHACHBRETTSTICH

Diese Stichart wird oft benutzt, um große Flächen zu überbrücken. In nur einer Farbe gestickt, wirkt allein das Muster; in zwei Farben gestickt, wirkt die fertige Fläche wie ein Schachbrett.

Die Quadrate werden über vier waagrechte und vier senkrechte Gewebefäden gearbeitet. Quadrate mit sechzehn kleinen diagonalen Stichen wechseln sich ab mit Quadraten aus sieben Stichen, die über ein bis vier Gewebefäden reichen.

SMYRNA-KREUZSTICH (DIAMANTSTICH)

Dieser Stich schafft ein Muster aus leicht erhöhten Quadraten. Diese können auch in mehreren Farben gearbeitet werden – dann entsteht ein schachbrettartiges Muster.

Arbeiten Sie in Reihen von rechts nach links, beginnend mit den unteren Kanten. Sticken Sie zuerst einen Kreuzstich über vier waagrechte und vier senkrechte Gewebefäden, und setzen Sie darüber ein senkrechtes Kreuz in der gleichen Größe.

REISKORNSTICH

Dieser Stich kann in verschiedenen Fadenstärken gearbeitet werden. Sticken Sie die großen Kreuze mit dem stärkeren, die kleinen Eckstiche mit dem dünneren Faden. Fertigen Sie zuerst die Kreuzstiche über vier waagrechte und vier senkrechte Gewebefäden, bevor Sie die kleineren Eckstiche folgen lassen.

GEFLOCHTENER KREUZSTICH

Der Name stammt von seiner Struktur her, die wie ein Geflecht aussieht. Auch dieser Stich wird oftmals in zwei Farben gearbeitet. Sie können einen weiteren Farbkontrast hinzufügen, wenn Sie jeden Stich mit einer Rückstichkontur (Seite 22) versehen.

Arbeiten Sie reihenweise, und fangen Sie am unteren Rand an. Zuerst werden Kreuzstiche über vier waagrechte und vier senkrechte Gewebefäden gestickt, über die dann vier diagonale, übereinanderliegende Stiche gearbeitet werden. Sie sollten bei dieser Arbeit die in den nebenstehenden Abbildungen gezeigte Reihenfolge einhalten.

DOPPELTER DIAMANTSTICH

Mit dieser Variante sticken Sie ein sehr plastisch wirkendes Quadrat, das über fünf, sechs oder mehr Gewebefäden gearbeitet werden kann.

Setzen Sie den ersten Stich – in der unteren linken Ecke beginnend – als Halbstich. Führen Sie jeden folgenden Stich über die Mitte des Quadrats. Arbeiten Sie gegen den Uhrzeigersinn, bis das Quadrat vollständig ist. Wenn das Quadrat über eine gerade Anzahl von Gewebefäden reicht, setzen Sie noch einen senkrechten Stich über zwei Fäden in der Mitte des Quadrats.

KAPITEL DREI

BLUMEN-MUSTER

EINFÜHRUNG

· ·

Noch immer gehören Blumen und Pflanzen zu den beliebtesten Vorlagen für alle Arten von Handarbeiten, besonders aber fürs Sticken. Die Schönheit der Pflanzenwelt inspiriert immer wieder aufs neue. Insbesondere die zahllosen Blumen- und Blütenformen sprechen unsere kreative Ader an.

In der Natur gibt es eine phantastische Ansammlung von Blüten. Dazu kommen viele Neuzüchtungen, die während des letzten Jahrhunderts gezogen worden sind – nicht zuletzt, um größere und langlebigere Blüten in immer neuen Formen und Farben zu erzeugen. Die Vielfalt, die uns die Natur bietet, ist fast endlos: Frühlings- und Sommerpflanzen, mehrjährige Pflanzen, einjährige Sommerblumen, duftende Sträucher und Bäume, die das ganze Jahr über grün sind, sowie aromatische Gewürze und Zimmerpflanzen.

Die traditionellen Lieblingspflanzen wie Kletterrose, Stiefmütterchen oder Nelke dienten immer wieder als Vorlagen, aus denen wunderschöne Stickereien gemacht wurden. Viele Blumen haben bildhafte Namen wie Tränendes Herz, Vergißmeinnicht oder Frauenschuh – Bezeichnungen, die sich geradezu anbieten, unter die Blumen gestickt zu werden. Wie die Buchstaben des Alphabets gearbeitet werden, erfahren Sie in Kapitel zehn.

Die Beispiele auf den folgenden Seiten bieten Muster (siehe Geschenke: Blumige Ideen, Seite 37), die schnell und einfach zu sticken sind. Diese Projekte können auch von unerfahrenen Stickerinnen nachgearbeitet werden. Alle diese Muster sind so klein, daß sie in der Hand ohne Rahmen gestickt werden können. Sie sind vor allem ideal, um Reste von Handarbeitszählstoffen und Sticktwist zu verwerten. Durch die kleinen Stickarbeiten können Sie sich schnell mit der Sticktechnik nach Zählvorlagen vertraut machen. Sie werden sich dadurch sicher genug fühlen, um auch anspruchsvollere und umfangreichere Muster, zum Beispiel die Tischdecke auf Seite 40, zu sticken.

Auch komplizierte Stickereien wie zum Beispiel die Apfelblüten-Tischdecke auf Seite 31 und das Stiefmütterchen auf Seite 32 sind auf die gleiche Weise zu sticken wie die kleinen Bilder: jedes farbige Karo in den Zählvorlagen steht für je einen Kreuzstich. Kreuzstiche können auch sehr gut zum Besticken von Bettwäsche benutzt werden, wenn man sich mit einem Reststück Stramin behilft, das als «Stickhilfe» auf die Wäsche geheftet wird. Die Bettwäsche mit dem Tulpenmuster auf Seite 39 wurde so gestickt.

Beim Sticken sollte stets ein Stickrahmen benutzt werden, außer bei sehr kleinen Mustern. Auch wenn die Arbeit mit dem Stickrahmen zunächst umständlich erscheint, werden seine Vorteile sehr schnell zutage kommen: Der eingespannte Stoff bleibt gleichmäßig gestreckt, so daß schnell und genau gestickt werden kann. Auch ist sichergestellt, daß der Stoff sich nicht verziehen kann, das Ergebnis ist ein sauberes Stickbild. Am Ende eines jeden Arbeitsgangs oder während längerer Arbeitspausen wird der Stickrahmen geöffnet – so vermeidet man die Faltenbildung im Stoff. Das Arbeitsmaterial bewahrt man am besten in Seidenpapier eingewickelt auf.

Die Muster am Ende dieses Kapitels zeigen viele einfach zu stickende Motive einzelner Blüten, kleiner Blumen und Gebinde, die in vielen Variationen benutzt werden können. Zum Beispiel kann man eine Reihe kleiner Blumen als Bordüre an den Rand einer Serviette sticken, während man auf die entsprechende Tischdecke einen ganzen Strauß genau dieser Blumen in jede Ecke stickt. Im Vorlagenteil werden auch zwei Muster für Grußkarten gezeigt. Sie haben die Form eines rechteckigen Rahmens, der mit Blumenmotiven verziert ist. Die Mitte jedes Rechtecks läßt genügend Platz für Grüße wie: «Herzlichen Glückwunsch zum Geburtstag» oder nur: «Herzlichen Glückwunsch». Um diese Muster zu sticken, schreibt man die gewünschte Formulierung kästchenweise auf ein Stück Millimeterpapier und benutzt dafür die Alphabete auf den Seiten 94 und 160. Dann zeichnet man das Rahmenmuster um die gewünschte Formulierung herum – und zwar ebenfalls Kästchen für Kästchen. Falls nötig, werden die Seiten des Rechtecks verlängert oder gekürzt. Zum Zeichnen der Bordüren und Buchstaben sind Filz- oder Buntstifte am besten geeignet. Im Kapitel «Kreatives Sticken» (Seiten 142 und 143) finden Sie weitere Einzelheiten, die zeigen, wie man Zählvorlagen vorbereitet und abändert.

Wie bereits erwähnt – die Natur bietet eine nahezu unerschöpfliche Quelle an Vorlagen für eigene Motive und Muster. Blumen und Pflanzen sind überall zu finden, auch wenn man selbst nicht in einem Haus mit Garten wohnt. Auf dem Land findet man auch heute noch Hunderte von Blumen- und Pflanzenarten; und die Großstädte sind stolz auf ihre Parkanlagen mit den gepflegten Beeten, den Würde ausstrahlenden Bäumen und den vielen Sträuchern, die einem in jedem Frühjahr aufs neue ihre frischen Triebe entgegenstrecken. Wer dann vielleicht noch das Glück hat, in der Nähe eines botanischen Gartens oder eines herrschaftlichen Anwesens zu wohnen, kann diese Stellen besuchen und sich immer wieder auf Motivsuche begeben. Selbst die unscheinbarsten Muster – ein bescheidener Strauß von Feld- und Wiesenblumen – können eine ideale Mustervorlage sein. Wer sich nicht gleich zutraut, eine Blume oder eine Pflanze selbst abzumalen, wird sich sicherer fühlen, wenn er ein Foto mit Pergamentpapier abpaust. Garten- und Naturzeitschriften sowie die Kataloge von Pflanzen- und Blu-

mencentern sind als Fotoquellen für Blumenmuster bestens geeignet. Doch auch viele Dinge des täglichen Lebens können als Design- und Abpausvorlagen genutzt werden, zum Beispiel bedruckte Stoffe, Teppiche und Tapeten. Wenn Sie beispielsweise einen Vorhang mit einem Blumenmuster haben, können Sie das Muster abpausen, um genau dieses Motiv als Stickvorlage zu nutzen. Gestickt werden die Motive im Kreuzstich, und zwar in Farben, die zum Vorhang passen. Der so bearbeitete Stoff kann für einen Kissenbezug oder für ein Raffband verwendet werden. Auch auf Deckchen oder in einem dekorativen Wandbild kann dieses Muster umgesetzt werden.

Pflanzen- und Blumenmotive wurden in den Werken vieler Kunstepochen verwendet. Eine reiche Auswahl an abpausbaren Mustern bieten deshalb auch Kunstbände und Bücher über Antiquitäten, die in öffentlichen Bibliotheken ausgeliehen werden können. Die Kunst des 19. Jahrhunderts, aber auch die Werkkunstbewegung dieser Zeit, hat in Europa und Nordamerika vielfältige Blumenarrangements und Pflanzenmuster entstehen lassen – mit den dekorativen Mustern wurden oft auch die Haushaltsgegenstände des täglichen Bedarfs verziert und verschönert.

Tiffany gestaltete unter Zuhilfenahme farbigen Glases seine Lampen und Fenster. In Frankreich wurde Jugendstilglas von Daum, Gallé und Lalique mit Blumen und rankenden Pflanzen verziert. In der zweiten Hälfte des 19. und im frühen 20. Jahrhundert haben auch die Designer der Töpfer- und Porzellanindustrie sowie die Produzenten von Haushaltswäsche zahllose Motive entworfen. Zu dieser Zeit bestand große Nachfrage nach blumengemusterten Vasen. Auch Tee- und Tafelporzellan sowie Wäschekollektionen erfreuten sich großer Beliebtheit, wenn sie dem zeitgenössischen Modetrend Rechnung trugen und mit Blumen, Blüten und Pflanzenornamenten verziert waren.

APFELBLÜTE
TISCHDECKE

....

Die zart gefärbten Apfelblüten machen diese Decke zu einem wahren Prachtstück. Kaffee, Tee und duftender Kuchen warten nur darauf, auf diesem herrlichen Stück Stoff plaziert zu werden.

MATERIALIEN

....

- 130 x 130 cm weißes Aidagewebe, 70 Stiche auf 10 cm (ZWEIGART FEINAIDA 3793/1)
- Anchor Sticktwist, Farben: rosa 40, 42; rosa schattiert 1201, 1204; dunkelrot 47; orange 304; grün 203, 218, 225, 229
- Gobelinnadel Größe 24
- dunkler Heftfaden
- passender Nähfaden
- Nähnadel und Stecknadeln
- Stickrahmen

STICKANLEITUNG

....

1 Die Decke in der Mitte zweimal falten und sowohl die waagrechte als auch die senkrechte Mittellinie mit Heftfäden markieren. Anschließend eine 32 cm von der Stoffkante entfernte Markierungslinie heften.

2 Die gehefteten Linien geben den Mittelpunkt jedes Blütenmotivs an. Arbeiten Sie bei jedem Motiv immer von der Mitte nach außen. Spannen Sie den Stoff in einen Stickrahmen (Seite 19), und sticken Sie die erste Apfelblüte (Mittelmotiv) in Kreuzstichen (Seite 22) vierfädig. Fangen Sie in der Mitte der orangefarbenen Fläche an, und halten Sie sich an die Zählvorlage – ein Karo in der Zählvorlage ist immer ein Kreuzstich über drei waagrechte und drei senkrechte Stichquadrate im Gewebe. Die dunkelroten Blütenblätter mit 47 und die grünen Blattadern in Rückstichen (Seite 22) mit zweifädigem Sticktwist 218 umranden.

3 Sticken Sie nun, ausgehend von der eben fertiggestellten Blüte, das Bordürenband, anschließend das erste Eckmotiv. Jetzt sollten Sie die Stickerei unterbrechen und nachprüfen, ob die Motive so gestickt sind, wie in der Vorlage angegeben, vor allem aber, ob die Blütenmitte jeweils auf die Heftlinie fällt.

4 Mit dem Heftfaden wird nun von der Mitte der Eckblume (entlang der anliegenden Kante) bis zum Mittelpunkt der nächsten Eckblume eine Markierungslinie geheftet. Entlang dieser Linie sticken Sie nun der Reihe nach: ein Bordürenband, ein Mittel-

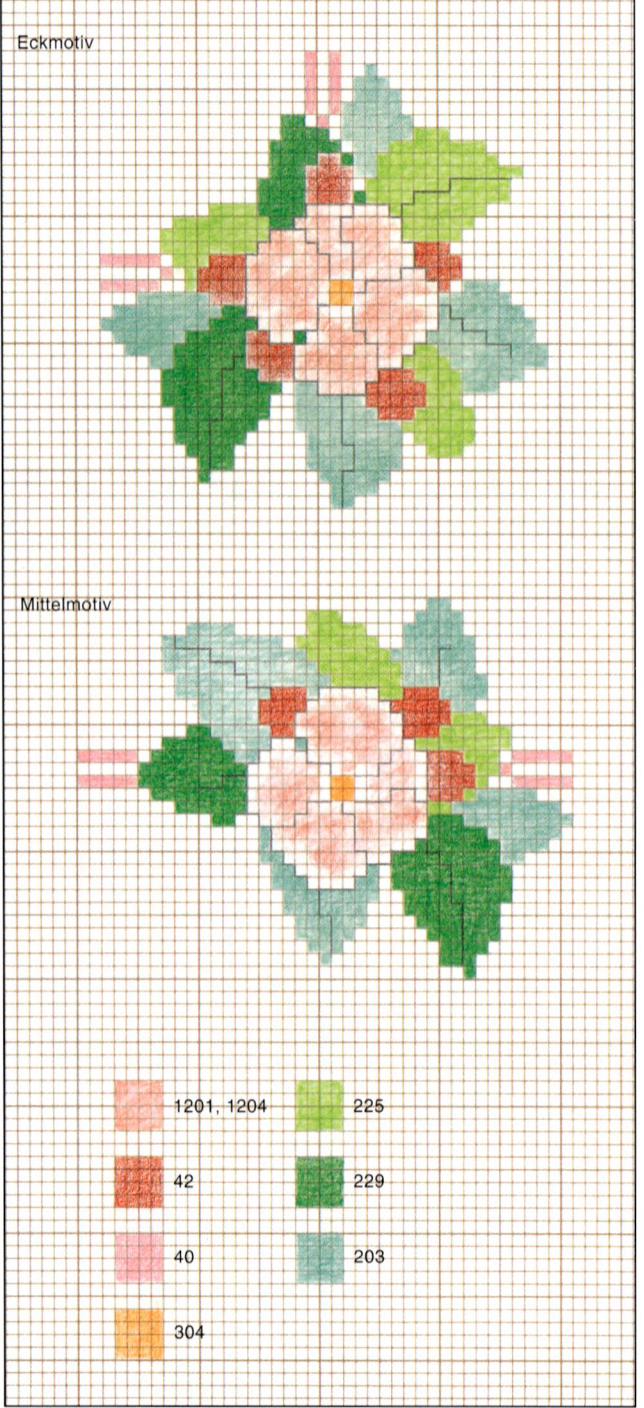

	1201, 1204		225
	42		229
	40		203
	304		

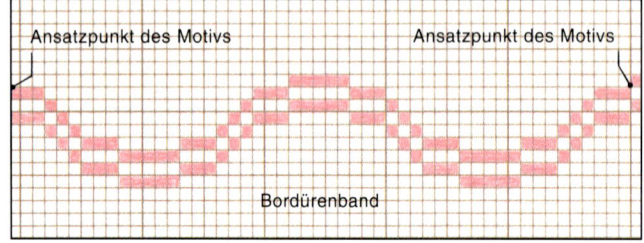

JEDES FARBIGE KARO der Zählvorlage steht für einen Kreuzstich über drei waagrechte und drei senkrechte Stichquadrate im Aidagewebe. Die schwarzen Linien in der Vorlage sind Rückstiche, die über drei Stichquadrate gehen.

motiv, ein Bordürenband, das nächste Eckmotiv. Fahren Sie fort, bis Sie die Decke einmal umrundet haben.

ANFERTIGUNG DER DECKE
....

1 Die fertige Stickerei von der Rückseite dämpfen.
2 Hochstecken und einen 2,5 cm breiten doppelten Saum (Seite 152) um die Decke heften. Stecken und heften Sie Briefecken (Seite 153). Versichern Sie sich, daß die gestickten Bordüren gleich weit von den Kanten entfernt sind. Nähen Sie den Saum mit Saumstichen (Seite 152).
3 Verzieren Sie abschließend die Kante ringsum mit einer Reihe aus Vorstichen (Seite 22). Sticken Sie die Linien 2 cm von den Kanten entfernt mit zweifädigem Sticktwist in schattiertem Rosa (1201).

STICKEN SIE DIESE reizende Bänderbordüre als zusätzlichen Blickfang um die Tischdecke herum. Wer es etwas dezenter mag, kann auch alleinstehende Eckmotive ohne Bordüre auf die Decke sticken.

STIEFMÜTTERCHEN
WANDBILD

 Das Stiefmütterchen ist eine der beliebtesten Blumen. Dieses Bild erlaubt es Ihnen, die bunten Blüten das ganze Jahr zu genießen.

MATERIALIEN

- 85 cm breites, weißes Aidagewebe, 43,5 Stiche auf 10 cm (ZWEIGART IDA 1007/1)
- Anchor Sticktwist, Farben: rosa 28, 63; malve 98, 118; malve schattiert 1208; lila 119; orange 303, 314, 333; gelb 288, 297, 305; grün 205, 225, 259, 266; blau 162; blau schattiert 1211

- Gobelinnadel Größe 24
- dunkler Heftfaden
- passender Nähfaden
- Stick- und Reißverstärkung
- Nähnadel
- Stickrahmen
- Fotokarton
- starker Faden oder feine Schnur

DAS AUSMESSEN

Die gestickte Fläche ist etwa 20 x 20 cm groß. Geben Sie an jeder Seite etwa 10 cm hinzu. Damit ist sichergestellt, daß Sie die Arbeit in den Stickrahmen bringen können und daß genug Stoff bleibt, um sie nach Fertigstellung auf Karton aufnähen zu können.

IM FRANZÖSISCHEN trägt das wilde Stiefmütterchen die Bezeichnung «pensée», und das bedeutet «gedacht». Von Shakespeare stammt der Satz: «Jedes Stiefmütterchen steht für einen Gedanken.» Sie können dieses Zitat sehr gut zusätzlich zu dem Stiefmütterchenwandbild sticken, verwenden Sie am besten eines der Alphabete von Seite 94 oder 160. So wird es gemacht: Zuerst den Stand der Buchstaben auf Millimeterpapier übertragen (siehe Seite 143) und dann die Buchstaben dreifädig mit Kreuzstichen sticken.

314	303	297	305	288	259

118	118 1208	1208	162 1211	98	333

63	28	119	205	225	266

STOFFBEARBEITUNG

Den Stoff ausschneiden und die senkrechte Mittellinie mit Heftfäden markieren. Auf die gleiche Weise die waagrechte Mittellinie kennzeichnen, dann den Mittelpunkt der Zählvorlage mit einem Bleistift markieren. Den Stoff gleichmäßig in den Rahmen spannen (Seite 20). Anfängerinnen heften zuvor sicherheitshalber eine Reißverstärkung auf die Rückseite – die Verstärkung verhindert ein Verziehen des Stoffes.

STICKANLEITUNG

1 Jedes farbige Karo der Zählvorlage steht für einen Kreuzstich über ein Stichquadrat im Gewebe. Arbeiten Sie sich von der Mitte aus nach außen vor. Sticken Sie in Kreuzstichen (Seite 22) dreifädig.

2 Einige der Blütenblätter bestehen aus einer Mischung von Farbtönen. Hier benutzt man beim Sticken gleichzeitig zwei Fäden der Hauptfarbe und einen Faden des schattierten Farbtons.

ABSCHLUSSARBEITEN

Die Markierungsfäden und die Stickverstärkung dicht entlang der Stickerei entfernen, anschließend die fertige Stickerei von der Rückseite dämpfen. Die Arbeit einrahmen, wie es auf Seite 157 beschrieben ist.

BLUMENGITTER
RAFFBAND

···

 Mit diesem praktischen Raffband lassen sich alle Fenstervorhänge «bändigen». Vier verschiedene Schablonengrößen sind angegeben – dieses Band ist also tatsächlich universell einsetzbar.

MATERIALIEN
···

- 130 cm breites, cremefarbenes Aidagewebe, 70 Stiche auf 10 cm (ZWEIGART FEINAIDA 3793/264)
- Cremefarbener Futterstoff
- Anchor Sticktwist, Farben: orange 314; gelb 290; grün 225, 227
- Gobelinnadel Größe 24
- dunkler Heftfaden
- passender Nähfaden
- Nähnadel und Stecknadeln
- Gobelinrahmen
- beidseitig klebende Vlieseinlage
- Schnittmusterpapier
- vier Messingringe, zwei Messinghaken

STOFFBEARBEITUNG
···

Bringen Sie eine der Schablonen von Seite 157 auf die von Ihnen gewünschte Größe, übertragen Sie sie zweimal auf das Schnittmusterpapier, und schneiden Sie beide Teile aus. Heften Sie die Papiermuster auf die Vorderseite des Handarbeitszählstoffes. Arbeiten Sie hierbei so, daß die Heftstiche etwa 1 cm vom Rand des Schnittmusterpapiers entfernt sind.

STICKANLEITUNG
···

1 Markieren Sie die waagrechten und senkrechten Mittellinien mit Heftfäden sorgfältig und genau. Spannen Sie anschließend den Stoff in den Gobelinrahmen (Seite 20).

2 Beginnend in der Mitte, wird nun das sich wiederholende Gittermuster mit Kreuzstichen (Seite 22) von der Zählvorlage dreifädig übertragen. Jedes Karo der Zählvorlage ist immer ein Kreuzstich über zwei waagrechte und zwei senkrechte Stichquadrate im Gewebe. Wiederholen Sie diesen Arbeitsgang, bis die Fläche ausgefüllt ist. Bearbeiten Sie das zweite Raffband in gleicher Weise.

3 Sticken Sie nun – entsprechend der Zählvorlage – mit dreifädigen Kreuzstichen einige Blumenmuster in

227	225	290	314

STICKEN Sie das Blumenmuster auf cremefarbenen oder weißen Stoff, der farblich zu Ihrem Vorhangstoff paßt.

JEDES farbige Karo der Zählvorlage ist immer ein Kreuzstich über zwei waagrechte und zwei senkrechte Stichquadrate.

die Gitterquadrate. Zum Schluß werden noch zweifädige Rückstiche (Seite 22) über jeweils zwei Stichquadrate um jede Blume gestickt.

ABSCHLUSSARBEITEN
....

1 Nehmen Sie die Stickarbeit vom Rahmen, und dämpfen Sie sie von der Rückseite. Benutzen Sie dazu ein Dampfbügeleisen. Falls keines vorhanden ist, können Sie sich mit einem feuchten Tuch behelfen. Nicht zu fest drücken!

2 Schneiden Sie die Arbeit aus (1 cm breite Zugabe um die gestickte Fläche). Nähen Sie das Raffband nach den Skizzen auf Seite 155 fertig.

GESCHENKE
BLUMIGE IDEEN

....

Sie werden bestimmt Freude daran haben, diese schnell und einfach zu stickenden Motive herzustellen, die alle ohne Stickrahmen gearbeitet werden können. Jede dieser kleinen Stickarbeiten ist ein reizendes Geschenk für Freunde oder Verwandte.

MATERIALIEN
....

LESEZEICHEN MIT BLAUEN BLUMEN: 30 cm cremefarbenes Aida-Kreuzstichband, 5 cm breit, 60 Stiche auf 10 cm (ZWEIGART 7107/3);
- Anchor Sticktwist, Farben: lila 119; blau 169; grün 205

LESEZEICHEN MIT ROSA BLUMEN: 30 cm Aida-Kreuzstichband, 5 cm breit, weiß mit rosa Bogenkante, 60 Stiche auf 10 cm (ZWEIGART 7107/14);
- Anchor Sticktwist, Farben: rosa 66; grün 212

OVALES BILD: 20 x 20 cm weißes Aidagewebe, 43,5 Stiche auf 10 cm (ZWEIGART IDA 1007/1);
- Anchor Sticktwist, Farben: rosa 62; lila 119; blau 133, 433; grün 256, 268
- weißer, ovaler Rahmen

RUNDES BILD: 20 x 20 cm weißes Aidagewebe, 43,5 Stiche auf 10 cm (ZWEIGART IDA 1007/1);
- Anchor Sticktwist, Farben: lila 119; orange 303; gelb 289, 301; blau 129; grün 205, 206; rost 339
- runder Holzrahmen

BRIEFBESCHWERER: 20 x 20 cm weißes Aidagewebe, 43,5 Stiche auf 10 cm (ZWEIGART IDA 1007/1);
- Anchor Sticktwist, Farben: rosa 85, 87; rosa schattiert 1201; malve 96, 98; lila 119; gelb 290; grün 204, 206, 268
- runder Briefbeschwerer

KERAMIK-SCHMUCKKÄSTCHEN: 20 x 20 cm cremefarbenes Aidagewebe, 70 Stiche auf 10 cm (ZWEIGART FEINAIDA 3793/264);
- Anchor Sticktwist, Farben: rot 20; malve 118; grün 204, 238
- blaues, ovales Schmuckkästchen

MARMELADENGLAS-DECKCHEN: 30 x 30 cm cremefarbenes Aidagewebe, 70 Stiche auf 10 cm (ZWEIGART FEINAIDA 3793/264);
- Anchor Sticktwist, Farben: rosa 66; lila 119; türkis 186; grün 238
- Satinschrägband und Borte in der passenden Farbe

STICKANLEITUNG
....

Falten Sie jedes Stück zweimal, und markieren Sie mit einer Stecknadel die Mitte. Mit einem Bleistift auch die Mitte der Vorlage markieren. Arbeiten Sie von der Mitte nach außen in Kreuzstichen (Seite 22) dreifädig. Benutzen Sie eine Gobelinnadel der Größe 24.

ABSCHLUSSARBEITEN
....

Die Stickerei von der Rückseite dämpfen. An beiden Enden der Lesezeichen einen 1 cm breiten doppelten Saum nähen (Seite 152). Die Bilder in die Rahmen setzen, überstehenden Stoff abschneiden. Das Marmeladenglas-Deckchen mit einem Durchmesser von 20 cm ausschneiden. Ein Satinschrägband um die Schnittkante nähen (Seite 154). Das Deckchen auf den Deckel legen und mit einem Gummiband sichern. Ein Geschenkband unter dem Deckel zu einer Schleife binden.

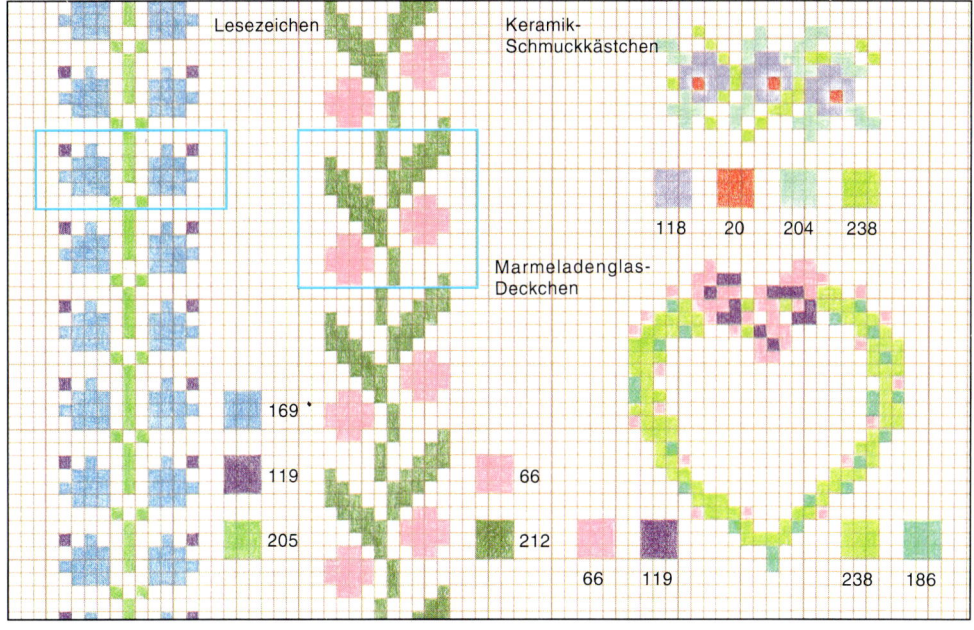

FÜR DIE BEIDEN Lesezeichen,
das Keramik-Schmuckkästchen
und das Marmeladenglas-
Deckchen arbeiten Sie in Kreuzstichen über zwei waagrechte und
zwei senkrechte Stichquadrate im
Aidagewebe. Für die beiden Bilder und den Briefbeschwerer arbeiten Sie in Kreuzstichen über
ein Stichquadrat.

Lesezeichen

Keramik-
Schmuckkästchen

Marmeladenglas-
Deckchen

118	20	204	238

169

119

205

66

212

66   119   238   186

TULPEN
BETTWÄSCHE

 Sticken Sie diese beiden Tulpenmotive, die sehr gut aufeinander abgestimmt sind, auf Kopfkissenbezüge und Bettwäsche. Zur Verarbeitung eignen sich am besten rosa, grüne und blaue Farbtöne, die als Kontrast zum hellgrünen Stoff sehr gut zur Geltung kommen. Bei dieser Arbeit wird Stramin als Zählhilfe verwendet – so wird das Besticken feinfädiger Gewebe erst möglich. Diese Technik wird auf Seite 21 erklärt.

MATERIALIEN

- 2 fertige, hellgrüne Kopfkissenbezüge und passende Bettdecken
- 60 cm breiten, zweifädigen Stramin, 40 Stiche auf 10 cm (ZWEIGART STRAMIN 500/40)
- Anchor Sticktwist, Farben: rosa 66, 76, 87; blau 161, 169; grün 215, 228, 255
- Gobelinnadel Größe 24
- dunkler Heftfaden
- passender Nähfaden
- Nähnadel und Stecknadeln
- Stickrahmen

STOFFBEARBEITUNG

KOPFKISSENBEZUG:

Sticken Sie das Muster an der Seite, an der die Knöpfe liegen, beziehungsweise am offenen Ende des Kissens. Das Muster ist 27 Karos breit und 29 Karos lang, und jedes farbige Karo der Zählvorlage steht für jeweils einen Kreuzstich über eine Kreuzung der Stramin-Fadenpaare. Schneiden Sie das Straminquadrat so aus, daß an jeder Seite des Motivs etwa zehn Stege überstehen. Markieren Sie nun die Mitte, und plazieren Sie den Stramin so auf dem Kopfkissenbezug, daß die Mitte des Musters etwa 14 cm von oben und 14 cm von der Seite entfernt ist. Markieren Sie anschließend – und dies am besten mit einem weichen Bleistift – auch die Mitte der Zählvorlage.

BETTDECKE:

Es wird je ein Tulpenmotiv auf beide obere Seiten der Bettdecke gestickt. Wenn man die oberen und seitlichen Bettdeckennähte ein wenig auftrennt, kann man sich die Stickarbeit einfacher machen. Das Muster ist 39 Karos breit und 46 Karos lang, und jedes farbige

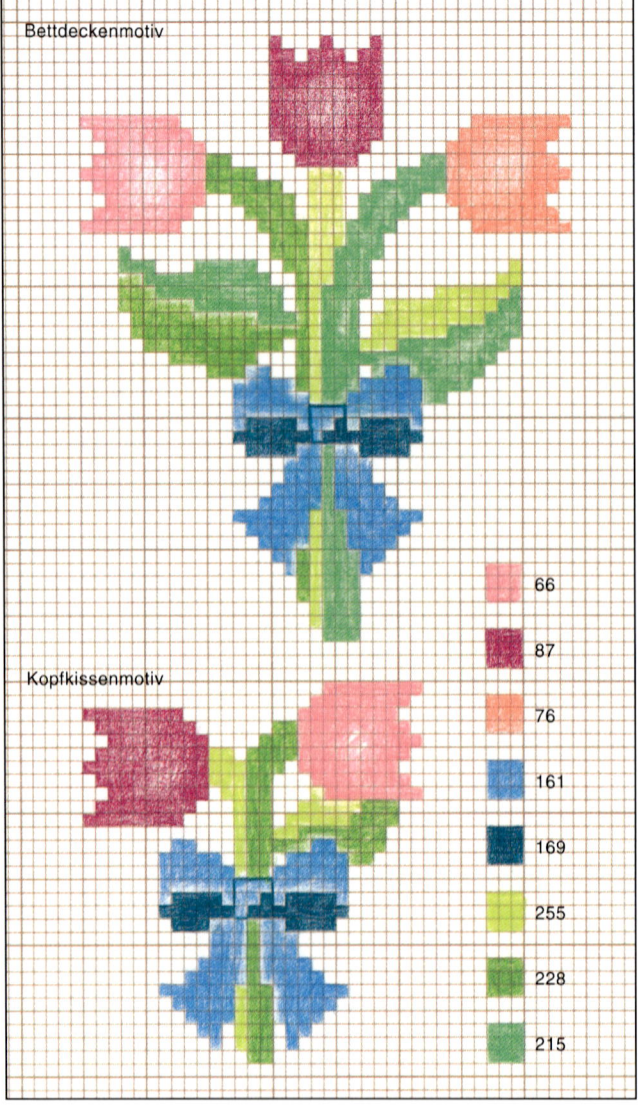

Bettdeckenmotiv

Kopfkissenmotiv

	66
	87
	76
	161
	169
	255
	228
	215

Karo der Zählvorlage ist immer ein Kreuzstich über eine Kreuzung der Stramin-Fadenpaare. Schneiden Sie auch hier die zwei benötigten Straminquadrate so aus, daß an jeder Seite des Motivs etwa zehn Stege überstehen, und markieren Sie die Mitte. Heften Sie die Straminstücke an die Decke – etwa 23 cm von der oberen und 30 cm von der seitlichen Naht entfernt. Markieren Sie auch hier mit einem weichen Bleistift die Mitte der Zählvorlage.

STICKANLEITUNG

KOPFKISSENBEZUG UND BETTDECKE:

1 Den Stoff in den Rahmen einspannen (Seite 19), dann die Kreuzstiche (Seite 22) dreifädig sticken. Arbeiten Sie von der Mitte nach außen. Und denken Sie immer daran: Jedes farbige Karo der Zählvorlage

ES WIRKT sehr schön, wenn Sie das kleinere Tulpenmotiv auf die Ecken des Kissenbezugs, das größere auf die Ecken des Bettdeckenbezugs sticken. Die Motive sind sich sehr ähnlich und harmonisieren sehr gut miteinander. Trotzdem steht es Ihnen natürlich frei, für Kissen und Decke ein identisches Muster zu verwenden.

FÜR DIE HERSTELLUNG dieses Musters wird Stramin verwendet. So hat man ein Gitter – und das macht das Zählen einfacher und das Sticken genauer. Jeder Stich wird sowohl durch den Stoff als auch durch den Stramin gearbeitet. Nach getaner Stickarbeit wird der Stramin dann entfernt.

ist immer ein Kreuzstich über eine Kreuzung der Stramin-Fadenpaare.

2 Immer nach der Zählvorlage arbeiten. Die Mitte jeder Schleife wird mit Rückstich (Seite 22) über zwei Straminstege zweifädig in Blau 169 umrandet.

ABSCHLUSSARBEITEN

....

1 Die Stickerei von der Rückseite auf einer gut gepolsterten Fläche dämpfen. Nicht zu fest aufdrücken!

2 Vorsichtig den Stramin aus der fertiggestellten Stickarbeit entfernen. Folgen Sie hierbei genau den auf Seite 21 gegebenen Anleitungen.

3 Die Innenseite der Bettdecke nach außen stülpen und die oberen und seitlichen Nähte wieder schließen. Den Bezug auf die rechte Seite drehen und die Stickerei noch einmal vorsichtig dämpfen.

BLUMENSTRAUSS
TABLETTDECKE

 Diese Tablettdecke kommt durch den in die Ecke gestickten Blumenstrauß, dessen Muster identisch ist mit dem auf dem Porzellan, besonders gut zur Geltung. Doch paßt die Tablettdecke auch zu fast jedem anderen Tee- und Kaffeeservice mit Blümchenmuster.

MATERIALIEN

- 130 cm breites, weißes Aidagewebe, 70 Stiche auf 10 cm (ZWEIGART FEINAIDA 3793/1)
- Anchor Sticktwist, Farben: rosa 40, 42; rot 47; orange 304; gelb 289; blau 131, 161; grün 203, 225; braun 382
- Gobelinnadel Größe 24
- dunkler Heftfaden
- Nähnadel und Stecknadeln
- Stickrahmen

DAS AUSMESSEN

Messen Sie das Tablett aus, für das die Decke bestimmt ist. Geben Sie zu dieser Größe an jeder Seite etwa 10 cm hinzu – so läßt sich der Stoff gut im Stickrahmen fixieren.

STOFFBEARBEITUNG

Das Blumenmuster ist 49 Karos breit und 39 Karos lang; jedes farbige Karo der Zählvorlage ist jeweils ein Kreuzstich über zwei waagrechte und zwei senkrechte Stichquadrate im Gewebe. Bevor Sie mit dem Sticken anfangen, markieren Sie die gesamte Stickfläche – 98 Stichquadrate in der Breite und 78 Stichquadrate in der Länge – mit Heftstichen. Im gezeigten Beispiel liegt die Stickerei etwa 9 cm von der Ecke entfernt, aber Sie können hier natürlich variieren.

STICKANLEITUNG

1 Die waagrechte und senkrechte Mittellinie mit Heftfäden markieren. Mit einem weichen Bleistift wird dann auch die Mitte der Zählvorlage gekennzeichnet.
2 Spannen Sie den Stoff in den Stickrahmen (Seite 19), und arbeiten Sie von der Mitte nach außen. Sticken Sie mit dreifädigen Kreuzstichen (Seite 22) nach der Zählvorlage. Jedes Karo der Zählvorlage steht für einen Kreuzstich über zwei waagrechte und zwei senkrechte Stichquadrate im Gewebe.

3 Die Blumenmitte wird mit zweifädigen Rückstichen (Seite 22) gestickt.

ABSCHLUSSARBEITEN
....

1 Die fertige Stickerei von der Rückseite dämpfen, dabei nicht zu fest aufdrücken!

2 Den überflüssigen Stoff – etwa 2,5 cm von den markierten Heftstichen entfernt – abschneiden. Die übriggebliebenen 2,5 cm sind die Saumzugabe.

3 Heften Sie einen schmalen doppelten Saum, wie auf Seite 152 beschrieben. Die Ecken sorgfältig einlegen und darauf achten, daß der Saumfalz zwischen zwei Fadengruppen im Gewebe verläuft.

4 Den Saum mit einer Reihe von Rückstichen dicht am Aufschlag sichern. Arbeiten Sie jeden Stich über drei oder vier Stichquadrate dreifädig. Anschließend wird der Saum leicht gebügelt – so erhält man eine gerade, saubere Kante.

| 40 | 42 | 161 | 131 | 225 | 203 | 289 | 304 | 47 | 382 |

JEDES FRÜHSTÜCK läßt sich aufwerten, wenn man es auf einem Tablett mit einer bestickten Tablettdecke serviert. Das Blumenmuster bringt Frische und Freude in den Tag.

Blumensträuße und Rahmen

Blumensträuße und Gebinde

Blumenvase und Blüten

Große Blumen

Flächendeckende Muster und Bordüren

Flächendeckende Muster und Bordüren

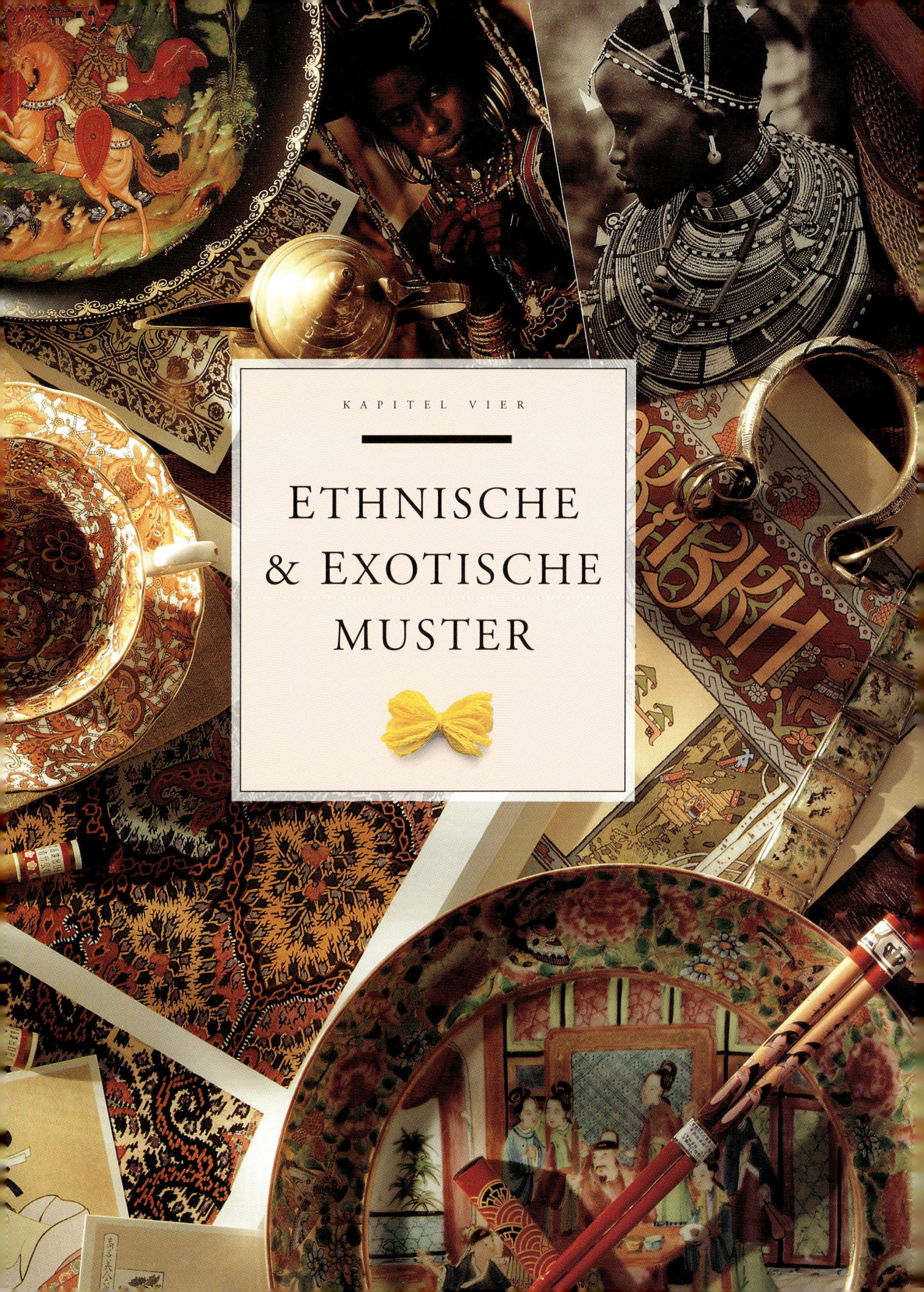

KAPITEL VIER

ETHNISCHE & EXOTISCHE MUSTER

EINFÜHRUNG

·······································

Ethnische und exotische Muster spiegeln die große künstlerische Vielfalt der Kulturen unserer Welt wider. Orientalische Einflüsse, Designs aus China und Japan, Vorlagen aus Zentraleuropa und Skandinavien sowie Motive aus Afrika und Amerika sind als Designvorschläge auf den folgenden Seiten zusammengefaßt worden.

Seitdem westliche Reisende China und Japan besucht haben, ist der Einfluß der Kunstformen dieser beiden Länder auch in unseren Breitengraden unübersehbar geworden. Die aus dem Fernen Osten mitgebrachten Waren – ob zerbrechliches Porzellan, kunstvoll gefertigte Holzschnittbilder oder prächtig gestickte Umhänge – sind heute in vielen Haushalten zu finden, zumindest sind doch sehr vielen Menschen die Designs dieser Artikel vertraut.

Das Drosselpaar – die Singdrossel ist der Glücksvogel der Chinesen – auf dem Wandbild von Seite 58 wurde von einem Paar Steingutvasen übernommen. Diese Vasen stammen aus den späten zwanziger bis frühen dreißiger Jahren unseres Jahrhunderts. Vogelmotive waren zu dieser Zeit äußerst beliebt, wie überhaupt sehr viele orientalische Muster während des frühen 20. Jahrhunderts voll im Trend lagen. Die Motive waren auf Porzellan, Kleidern, Möbelstoffen und Tapeten zu entdecken.

Auf dem Hintergrund des Bildes ist das chinesische Symbol für Langlebigkeit zu finden, eine von fünf chinesischen Segnungen, zu denen auch Frieden und Tugendhaftigkeit gehören. Die Chinesen glauben aber nicht nur an die fünf Segnungen (oder Gottesgaben), sondern sie wissen darüber hinaus acht weitere Dinge hoch zu schätzen: Glück, Würde, Reichtum, Ehe-

glück, Harmonie, den Zauber (oder Talisman) gegen Böses, den Zauber (oder Talisman) gegen Feuer sowie einen persönlichen Talisman. Für jedes dieser acht Ideale gibt es ein Symbol. Diese Symbole sind in vielen Arbeiten der antiken chinesischen Stickerei zu finden, besonders in der bäuerlichen. Häufig sind sie allerdings auf den ersten Blick nicht zu erkennen, weil sie in die Motive und Bordüren eingearbeitet sind und sich dort «verstecken».

Im chinesischen Kunsthandwerk sind auch sehr viele Tiermotive dargestellt worden. Die Fledermaus repräsentiert ein langes Leben, der Schmetterling steht für Freude, Sommer und die wahre Liebe, und der Drache symbolisiert Güte sowie die Kraft und den Schutz gegen Böses.

Muster der japanischen Handarbeitstechnik Sashiko sind das Vorbild für die drei Sofakissen auf den Seiten 54 und 55. Ursprünglich ist Sashiko eine Quiltstickerei, bei der zwei Schichten Baumwollstoff verbunden (und gleichzeitig verziert) wurden, um dicke, warme Winterkleidung zu bekommen. Wenn das Kleidungsstück abgetragen war, wurden neue Stoffschichten auf die zerschlissene Fläche genäht. Sashiko-Stickereien wurden ausschließlich auf indigoblauen Baumwollstoff mit weißen Vorstichen gearbeitet. Die Originale bestehen aus geometrischen Mustern mit Linien, Bögen und Kreisen; je nach Ursprungsregion innerhalb Japans sind regionale Besonderheiten hinsichtlich des Designs, nicht jedoch der Verabeitungsmethode auszumachen. Auch die in diesem Buch abgebildeten Beispiele japanischer Sashiko-Stickereien sind stets Weiß auf Blau gearbeitet.

Eine reichhaltige Quelle an wunderschönen Motiven, Designs und Farben bietet das volkstümliche Kunsthandwerk Europas. Deutschland, Österreich und Italien, aber auch Rumänien, Ungarn und Polen können auf eine lange Sticktradition verweisen. Viele der Muster, die heutzutage noch in Gebrauch sind, wurden über unzählige Generationen hinweg von den Müttern an die Töchter weitergereicht. Typische Motive aus der Volkskunst zeigen Herzen, Sterne, Kreuze sowie andere geometrische Muster, die oftmals mit stilvollen Bildern von Tieren und Pflanzen kombiniert sind. Als Kontrast zur gebräuchlichen Stickweise wurden auch in unserem Kulturkreis manchmal dunkelrote und schwarze Fäden auf weißem oder cremefarbenem Stoff benutzt.

Die in ländlichen Gegenden entstandenen Muster sind häufig sehr bunt. Verarbeitet wurden vorwiegend die Farbtöne Dunkelrot, Rosa, Lila, Königsblau, Türkis und Gelb. Bäuerliche Tischsets (wie zum Beispiel auf Seite 60) zeigen einfache Muster in kräftigen Farben, die sich häufig wiederholen.

Die Zählvorlagen am Ende dieses Kapitels zeigen Stickereien, die aus der traditionellen europäischen Volkskunst hervorgegangen sind. Auf Seite 66 gibt es viele Motive, die sowohl für sich allein als auch von einem Bordürenmuster umrahmt benutzt werden können. Vor dem Sticken sollte das Muster auf Millimeterpapier übertragen werden. Zum Entwerfen einer Bordürenecke wird am besten ein Spiegel benutzt (siehe auch Seite 144).

Die Indianerstämme Nord- und Südamerikas haben eine vollkommen eigenständige Art von Mustern entwickelt und hervorgebracht (Seite 69). Die Vorlagen in der oberen Reihe sind ideal für Kinderlatzhosen oder andere Spielkleidung. Am besten verwendet man zum Auszählen Stramin (Seite 21), um diese Motive in ihren hellen, auffallenden Farben auf die Kleider zu sticken. Eine andere Möglichkeit besteht darin, das Motiv auf Handarbeitszählstoff zu sticken und als Tasche oder Flicken auf die Kleidung aufzunähen.

Im Gegensatz zu den kräftigen symbolischen Designs der Indianerstämme wirken die aus Skandinavien stammenden Muster eher streng. Auf den Seiten 52 und 53 ist ein typisches Beispiel skandinavischer Stickkunst zu sehen – auf den Läufer sind einfache Blöcke und Linien in unaufdringlichen Farben gestickt. Dieses Muster wirkt auch als Rand einer Tischdecke oder eines Kissenbezugs sehr reizvoll.

Afrikanische Muster, die auf gewebtem Stoff, Glasperlenketten oder Wandgemälden zu finden sind, besitzen oft grelle, leuchtende Farben. Das Muster auf der afrikanischen Tasche (Seite 62 und 63) stammt von einem Wandgemälde, das auf einer Schlammschutzmauer in einem Ndebele-Innenhof in Zentraltransvaal, Südafrika, zu sehen ist. Das Wandgemälde wird spiegelbildlich auf weiteren Teilen der Mauer wiederholt. Diese Symmetrie ist ein Kennzeichen für Wandgemälde dieser Gegend – sie soll die Symmetrie des Körpers zum Ausdruck bringen.

Von allen in diesem Kapitel dargestellten Motiven eignet sich das Tischset (Seite 60 und 61) für Anfänger am besten. Es werden nur zwei Farben benutzt, und auf die Servietten wird ein mit dem Set «verwandtes» Motiv gestickt. Eine mögliche Variante wäre, jedes Set in einer anderen Farbkombination – etwa Orange und Grün oder Rost und Dunkelgold – zu arbeiten; jedoch sollte man stets auf den gleichen Stoff zurückgreifen. Arbeiten Sie auch hier mit einem Stickrahmen, um die Stoffspannung gleichmäßig zu halten. Und denken Sie immer daran, nach der Arbeit den Rahmen zu öffnen.

Wahrscheinlich erscheinen dem Anfänger die japanischen Sitzkissenbezüge und das Drosselpaar als schwierig zu sticken. Doch sind beide Muster auf die gleiche Weise gearbeitet wie die einfacheren Stücke – allerdings erfordern sie zur Herstellung mehr Zeit.

SKANDINAVISCHER
TISCHLÄUFER
....

Blöcke und Linien, alle im Kreuzstich gearbeitet und in dezenten Farben gehalten, geben
diesem Läufer sein schlichtes, aber wirkungs-
volles Aussehen. Er kann sehr gut als «Schutzschild»
für polierte Oberflächen verwendet werden.

MATERIALIEN
....

- 140 cm breiter, hellgrauer Zählstoff, 71 Gewebefä-
  den auf 10 cm (ZWEIGART DAVOSA 3770/708)
- Anchor Sticktwist, Farben: lila 873; grau 400, 401,
  8581
- Gobelinnadel Größe 24
- dunkler Heftfaden
- Nähnadel und Stecknadeln
- Stickrahmen

DAS AUSMESSEN
....

Das fertige Stück wirkt am besten als länglicher,
rechteckiger Läufer. Geben Sie zu der von Ihnen gewünschten Größe an allen Seiten noch 10 cm Stoff
hinzu, um jederzeit genügend Material zum Befestigen im Stickrahmen zu haben. Markieren Sie die
tatsächliche Größe mit Heftfäden.

STOFFBEARBEITUNG
....

An die beiden schmalen Enden des Läufers, je 8 cm
von der Stoffkante entfernt, heften Sie nun eine
Richtlinie. Im rechten Winkel zu dieser Linie markieren Sie dann – ebenfalls mit Heftstichen – die Mittellinie des Läufers. Diese Linie markiert gleichzeitig die
Mitte des ersten zu stickenden Blocks.

STICKANLEITUNG
....

1 Fangen Sie an einem schmalen Ende des Läufers –
wie gewohnt in der Mitte – zu sticken an. Die Heftlinie
ist die Begrenzung für den untersten Stich des Blocks.
Spannen Sie den Stoff in den Stickrahmen (Seite 19),
und fangen Sie mit dem Block an, der neun Stiche
hoch ist. Arbeiten Sie in Kreuzstichen (Seite 22) nach
der Zählvorlage mit vierfädigem Sticktwist. Ein Karo
der Zählvorlage ist immer ein Kreuzstich über zwei
senkrechte und zwei waagrechte Gewebefäden.

2 Sticken Sie die zwei übrigen Blöcke und die kurze
Linie. Wiederholen Sie diese Muster, bis Sie etwa 4 cm
von der Längsseite entfernt sind. Es kann sein, daß

IN GRAU und Lila gestickte Blöcke harmonisieren auf beeindruckende Art und Weise mit den Farben und Formen der Gläser. Das abgebildete Muster würde allerdings genauso gut zur Geltung kommen, wenn es in den Grundfarben auf weißem Hintergrund gestickt wäre. Eine weitere Variante bestände darin, für dieses Motiv nur eine Farbe – diese allerdings in unterschiedlichen Tönen – zu verwenden.

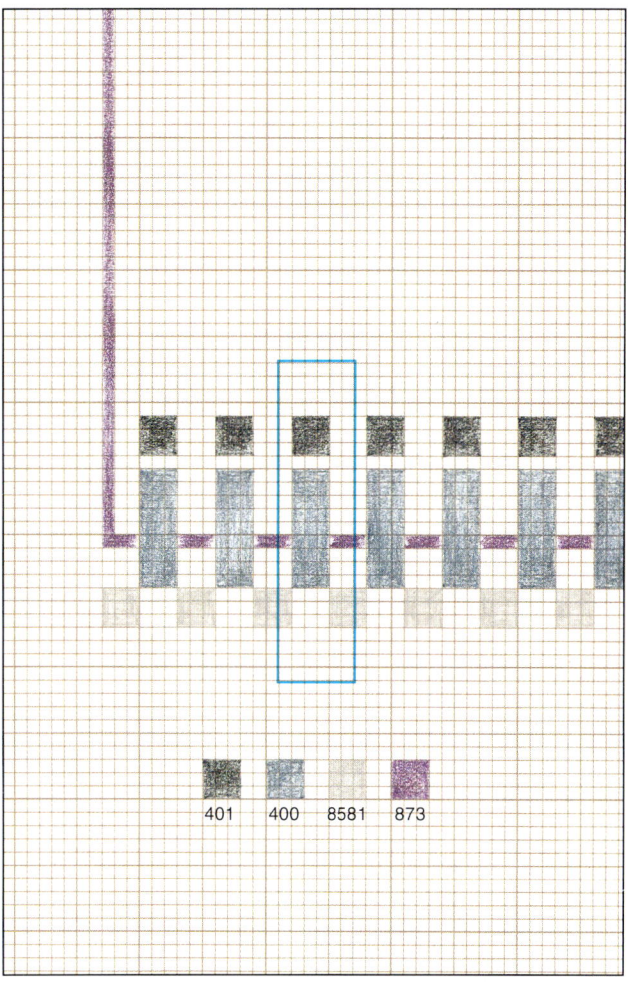

401   400   8581   873

Sie hier etwas variieren müssen – der letzte Block muß noch auf den Läufer passen.

3 Wiederholen Sie die eben beschriebenen Arbeitsgänge – nur in die andere Richtung. Das Muster des ersten schmalen Rands ist nun fertiggestellt.

4 Sticken Sie eine Reihe Kreuzstiche am Rand der Längsseite entlang, stoppen Sie zwölf Gewebefäden vor der Richtlinie der schmalen Kante. Wiederholen Sie die Arbeitsschritte 1 bis 4; fertig ist der Läufer.

NÄHEN DES LÄUFERS
....

1 Die fertige Stickerei von der Rückseite vorsichtig dämpfen, hierbei nicht zu fest drücken. Schneiden Sie dann den Stoff auf die tatsächliche Größe (plus 2,5 cm Saumzugabe an allen Seiten).

2 Stecken und heften Sie den doppelten Saum (Seite 152) um den Läufer herum, dabei insbesondere an den Ecken sorgfältig arbeiten. Befestigen Sie den Saum mit einer Reihe von Rückstichen (Seite 22) über drei oder vier Gewebefäden mit dreifädigem Sticktwist.

JAPANISCHE
SITZKISSEN

 Diese Muster basieren auf dem traditionellen japanischen Sashiko; sie sind alle geometrisch angeordnet. Wenn die Stiche exakt abgezählt werden, sind alle drei Kissen einfach zu sticken.

MATERIALIEN

- 140 cm breiter, dunkelblauer Zählstoff, 71 Gewebefäden auf 10 cm (ZWEIGART DAVOSA 3770/533)
- Anchor Sticktwist, Farbe: creme 387
- Gobelinnadel Größe 24
- heller Heftfaden
- Nähfaden und ein Reißverschluß für den Bezug
- Kissen
- Nähnadel und Stecknadeln
- Stick- oder Gobelinrahmen

DAS AUSMESSEN

Messen Sie die Größe von Vorderteil und Rückwand des Bezugs aus. Geben Sie am Vorderteil an allen Seiten mindestens 10 cm dazu – so können Sie den Stoff stets bequem in den Rahmen spannen. Die Rückwand wird aus zwei Stücken gearbeitet, die mit einem Reißverschluß verbunden sind. Geben Sie an allen Seiten der beiden Teile jeweils 2,5 cm hinzu, plus 5 cm Saumzugabe an den beiden Seiten, an denen der Reißverschluß befestigt wird.

STOFFBEARBEITUNG

Schneiden Sie die vorderen Teile aus, und markieren Sie die tatsächliche Größe mit Heftstichen. Arbeiten Sie sorgfältig und genau! Die Heftstiche müssen zwischen zwei Reihen von Gewebefäden liegen.

OBERES KISSEN:

Hier verläuft das Muster als breiter Streifen in der Mitte des Kissens. Markieren Sie die Breite des Streifens mit zwei Heftlinien im Abstand von 78 Gewebefäden. Markieren Sie die waagrechte und senkrechte Mittellinie des Musters mit Heftstichen. Spannen Sie den Stoff in den Rahmen ein (Seite 19–20).

MITTLERES KISSEN:

Dieses Muster ist ganzflächig gearbeitet. Markieren Sie die Größe des Stickfelds mit Heftstichen, und kennzeichnen Sie die waagrechte und senkrechte Mittellinie ebenfalls mit Heftstichen. Spannen Sie dann den Stoff in den Rahmen ein (Seite 19–20).

UNTERES KISSEN:

Das Muster liegt genau in der Mitte des Kissens. Markieren Sie zunächst die waagrechte und senkrechte Mittellinie des Musters mit Heftstichen. Spannen Sie dann den Stoff in den Rahmen ein (Seite 19–20).

STICKANLEITUNG
....

OBERES KISSEN:

1 Sticken Sie von der Mitte aus in Kreuzstichen (Seite 22) mit vierfädigem Sticktwist. Wiederholen Sie das Muster über die gesamte Seitenlänge. Jedes weiße Karo in der Zählvorlage ist immer ein Kreuzstich über zwei waagrechte und zwei senkrechte Gewebefäden.

2 Sticken Sie an den Enden etwa 1,5 cm über die Heftlinien hinaus – auf diese Weise sind Sie sicher, daß das Muster beim Zusammennähen bis in die Naht hineinläuft.

MITTLERES KISSEN:

1 Sticken Sie von der Mitte aus in Kreuzstichen (Seite 22) mit vierfädigem Sticktwist. Wiederholen Sie den gekennzeichneten Mustersatz, bis die ganze Fläche bestickt ist. Jedes weiße Karo in der Zählvorlage ist immer ein Kreuzstich über zwei waagrechte und zwei senkrechte Gewebefäden.

2 Sticken Sie an allen vier Seiten etwa 1,5 cm über die Heftlinien hinaus – so läuft das Muster mit Sicherheit beim Zusammennähen bis in die Naht.

UNTERES KISSEN:

Sticken Sie von der Mitte aus in Kreuzstichen (Seite 22) mit vierfädigem Sticktwist. Wiederholen Sie das Muster viermal, so daß ein Quadrat entsteht. Jedes weiße Karo in der Zählvorlage ist immer ein Kreuzstich über zwei waagrechte und zwei senkrechte Gewebefäden.

NÄHEN DER KISSEN
....

Die fertige Stickerei von der Rückseite dämpfen. Den überstehenden Stoff abschneiden, aber an jeder Seite etwa 2,5 cm Saumzugabe stehenlassen. Nähen Sie das Kissen nach der Anleitung auf Seite 155 fertig.

SASHIKO-Muster sehen auch in anderen Farbkombinationen gut aus. Empfehlenswert: Schwarz auf Hellgrau, Braun auf Gold oder Dunkelrosa auf Grün.

IN DIE MITTE eines Kissens
gestickt, kommt dieses Muster
am besten zur Geltung.

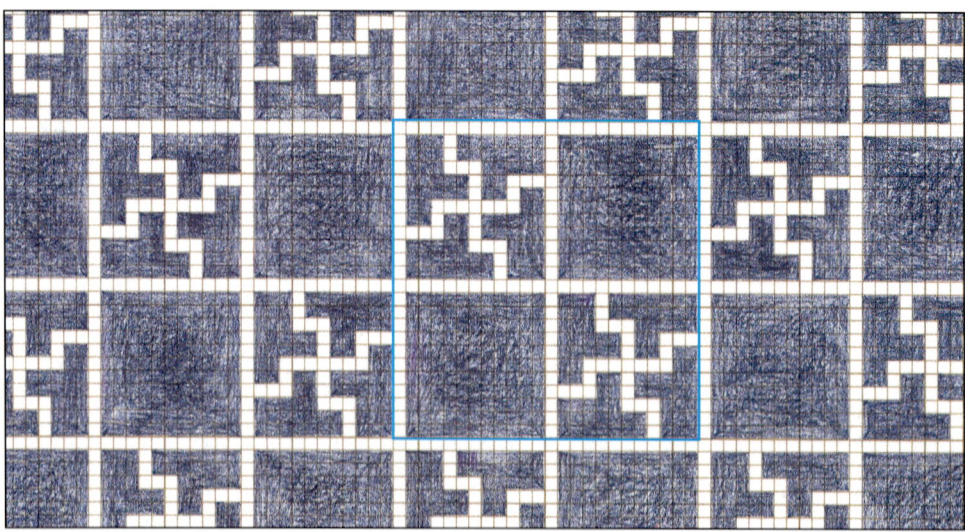

DIESES MUSTER würde auch
sehr hübsch aussehen, wenn es mit
farbigen Fäden auf weißem Stoff
gestickt wäre. Probieren Sie doch
einfach einmal, das Mittelteil in
Dunkelrot oder Smaragdgrün und
die Streifen in Königsblau zu
sticken.

STICKEN SIE dieses Muster
doch einfach einmal farbverkehrt,
also blaue oder dunkle Stiche
auf hellem oder weißem Stoff.
Der Charakter des Bildes bleibt
erhalten, während das Muster
vollkommen anders wirkt.

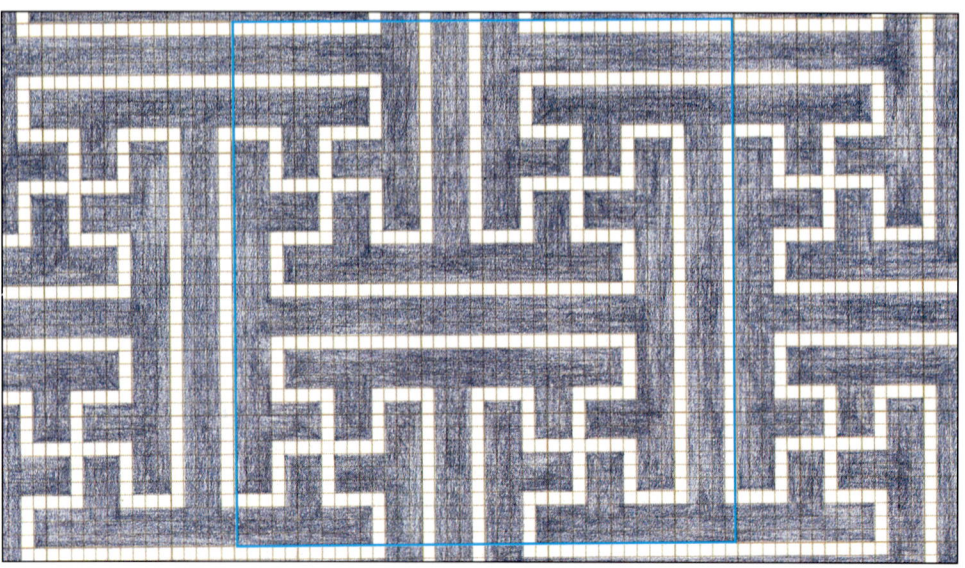

CHINESISCHER GLÜCKSVOGEL
WANDBILD

....

In der chinesischen Mythologie steht die Singdrossel für Glück. In diesem Bild «fliegt» das Vogelpaar vor einem Hintergrund, der mit dem Symbol für Langlebigkeit bestickt ist. Es sind überwiegend blaue Töne auf weißem Stoff gestickt – genau dies war über einen Zeitraum von mehreren Jahrhunderten Mode in der bäuerlichen chinesischen Stickerei.

MATERIALIEN
....

- 85 cm breites, weißes Aidagewebe, 43,5 Stiche auf 10 cm (ZWEIGART IDA 1007/1)
- Anchor Sticktwist, Farben: lila 118, 119; blau 131, 133, 161, 178
- Gobelinnadel Größe 24
- dunkler Heftfaden
- Nähfaden
- Stick- oder Gobelinrahmen
- Stick- und Reißverstärkung
- Nähnadel
- Fotokarton
- starker Faden oder feine Schnur

DAS AUSMESSEN
....

Die Fläche, die nun bestickt werden soll, ist 20 x 20 cm groß. Geben Sie an allen Seiten mindestens noch 10 cm hinzu, so daß Sie jederzeit genügend Material zum Befestigen im Stick- oder Gobelinrahmen haben. Wenn Sie einen sehr großen Rahmen benutzen, kann es sein, daß Sie noch zusätzlichen Stoff an den Rand nähen müssen.

STOFFBEARBEITUNG
....

Schneiden Sie zunächst den Stoff aus, und markieren Sie die tatsächliche Größe des Wandbildes mit Heftstichen. Markieren Sie dann die waagrechte und senkrechte Mittellinie mit Heftstichen – arbeiten Sie dabei sehr sorgfältig und genau. Markieren Sie anschließend mit einem weichen Bleistift die Mitte der Zählvorlage. Spannen Sie den Stoff in einen Stick- oder Gobelinrahmen (Seite 19–20). Falls Sie noch Anfängerin sind, ist es hilfreich, hinten an den Stoff eine Stick- und Reißverstärkung zu heften.

STICKANLEITUNG
....

1 Sticken Sie – wie von den übrigen Arbeiten gewohnt – von der Mitte aus, und zwar in Kreuzstichen (Seite 22) mit dreifädigem Sticktwist. Ein farbiges Karo in der Zählvorlage ist immer ein Kreuzstich über ein Stichquadrat im Gewebe.
2 Wenn Sie die Vögel fertiggestickt haben, umrahmen Sie sie mit zweifädigem Rückstich (Seite 22) über ein Stichquadrat.
3 Sticken Sie dann – genau nach Zählvorlage – die Kontur um die Wolke herum. Überprüfen Sie von Zeit zu Zeit Ihre Stiche.
4 Im letzten Stickgang werden das Hintergrundmuster sowie die Bordüre fertiggestellt. Arbeiten Sie mit dreifädigem Sticktwist.

ANFERTIGUNG DES BILDES
....

1 Wenn Sie mit dem Sticken fertig sind, reißen Sie die zuvor angebrachte Verstärkung dicht entlang der fertigen Stickerei vorsichtig ab. Nun kann die Stickarbeit von der Rückseite gedämpft werden. Drücken Sie dabei nicht zu fest auf!
2 Suchen Sie sich einen schönen Rahmen aus, und nähen Sie die Stickerei auf einen passenden Karton. Benutzen Sie hierzu einen starken Faden (Knopflochzwirn) oder eine feine Schnur.
3 Bevor Sie einen Rahmen kaufen, sollten Sie die auf den Seiten 156 und 157 gegebenen Ratschläge aufmerksam durchlesen.

IDEEN FÜR ANDERE MOTIVE
....

Sie können auch viele andere in diesem Buch vorgestellte Motive auf einen symmetrisch gestickten Hintergrund sticken. Das Kaninchen auf Seite 115 würde, umgeben von orangefarbenen Karotten, die in ein Schachbrettmuster eingearbeitet sind, ein reizvoll akzentuiertes Wandbild für ein Kinderzimmer abgeben. Ein weiteres Beispiel, ebenfalls bestens zum Verschönern eines Kinderzimmers geeignet: Sticken Sie eine der Katzen auf Seite 115, und umgeben Sie sie mit einer Bordüre aus kleinen Mäusen.

Auch waagrechte, senkrechte oder diagonale Linien, karierte Flächen und dezent plazierte Punkte lassen sich bestens zum Gestalten von Hintergründen nutzen. Zeichnen Sie zuerst das Muster auf Millimeterpapier (Seite 142). Beachten Sie dabei aber, daß der Hintergrund schlicht gehalten werden sollte, damit er nicht vom Hauptmotiv ablenkt.

161 131 118 119 133 178

DIE SINGDROSSELN würden
auch sehr gut auf einem Kissenbezug oder auf dem Deckblatt eines
Fotoalbums zur Geltung kommen.

Sie können das Motiv auch auf
Stramin sticken, allerdings müßte
dann der komplette Hintergrund
bestickt werden.

DIE KONTURLINIEN
sind in der Zählvorlage in Blau
gezeichnet. Sticken Sie die Konturlinien als letztes.

EUROPÄISCHES
TISCHSET

 Diese volkstümlichen Muster sind einfach und schnell zu sticken. Hier sind zwei unterschiedliche Motive auf ein Set und eine Serviette gestickt. Eine erfahrene Stickerin könnte eines (oder vielleicht sogar beide Motive) als Bordüre um eine Tischdecke sticken.

MATERIALIEN

- 130 cm breites, cremefarbenes Aidagewebe, 70 Stiche auf 10 cm (ZWEIGART FEINAIDA 3793/264)
- Anchor Sticktwist, Farben: rot 20; blau 132; creme 387
- Gobelinnadel Größe 24
- dunkler Heftfaden
- Nähnadel und Stecknadeln
- Stickrahmen

DAS AUSMESSEN

Normalerweise ist ein Set 20 x 30 cm groß. Probieren Sie jedoch aus, welche Größe für Ihren Bedarf richtig ist. Messen Sie die benötigte Fläche aus, und geben Sie an jeder Seite 2,5 cm Saumzugabe plus zusätzlichen Stoff für das Einspannen in den Stickrahmen hinzu.

Servietten sind fast immer quadratisch. Die kleineren haben Maße von 30 x 30 cm und die größeren (üblicherweise einem ausgiebigen Abendessen beigelegt) von 60 x 60 cm. Eine Allzweckserviette ist 38 x 38 cm groß. Aus einem 90 x 130 cm großen Stoffstück lassen sich einschließlich Saum sechs solcher Servietten herstellen.

STOFFBEARBEITUNG

SET:
Heften Sie zwei parallele Reihen von Grundlinien, um die Größe der Stickerei zu markieren. Im vorliegenden Beispiel ist das Muster 2,5 cm von der Kante entfernt, die Stickerei ist über 38 Stichquadrate gearbeitet. Sie können diese Maße beliebig variieren.

SERVIETTE:
Legen Sie die genaue Lage des Motivs fest, und markieren Sie sie. Im vorliegenden Beispiel ist das Quadrat je 2,5 cm von den beiden zusammenlaufenden Rändern der Serviette entfernt.

STICKANLEITUNG

Spannen Sie zunächst den Stoff in den Rahmen ein. Beginnen Sie auch bei dieser Arbeit in der Mitte des Musters mit dem Sticken. Übertragen Sie das Muster mit dreifädigem Sticktwist, und arbeiten Sie in Kreuzstichen (Seite 22). Ein farbiges Karo in der Zählvorlage steht jeweils für einen Kreuzstich über zwei waagrechte und zwei senkrechte Stichquadrate im Gewebe. Das Motiv auf der Serviette wird in der gleichen Weise gestickt wie das auf dem Set.

20   132

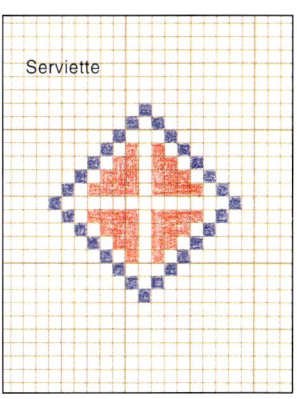

Serviette

ANFERTIGUNG DES SETS

....

1 Die fertige Stickerei von der Rückseite dämpfen. Drücken Sie nicht zu fest auf! Schneiden Sie den überstehenden Stoff weg, wobei Sie allerdings 2,5 cm Saumzugabe stehenlassen.

2 Stecken und heften Sie den doppelten Saum (Seite 152). Befestigen Sie den Saum dicht entlang der Kanten mit einer Linie aus Rückstichen (Seite 22) über zwei oder drei Stichquadrate mit cremefarbenem (387), dreifädigem Sticktwist.

DIE KONTRASTREICHE
Farbkombination dieses Tischsets harmonisiert sehr gut mit dem weißen Eßgeschirr. Die meisten Stickerinnen werden bei allen anderen Sachen «rund ums Essen» wahrscheinlich auf zarte, unaufdringliche Farbtöne zurückgreifen – diese lassen sich meist problemloser mit farbigem Geschirr arrangieren.

AFRIKANISCHE
TASCHE

Eine geometrische Bordüre, die ursprünglich Bestandteil eines afrikanischen Wandgemäldes war, schmückt diese Stofftasche. Das Muster ist in Orange, Hellbraun und Rost auf ungebleichten Stoff gestickt.

MATERIALIEN

- 130 cm breites, naturfarbenes Aidagewebe, 54 Stiche auf 10 cm (ZWEIGART ANTIK-AIDA 3294/153)
- passendes Futter
- Anchor Sticktwist, Farben: orange 303, 333; hellbraun 337; rost 340
- Gobelinnadel Größe 24
- dunkler Heftfaden
- passender Nähfaden
- Nähnadel und Stecknadeln
- Stick- oder Gobelinrahmen

DAS AUSMESSEN

Die fertige Tasche mißt 42 x 36 cm. Sie benötigen zwei Stoffstücke: eines für die Vorder-, eines für die Rückseite. Am Vorderteil müssen Sie an allen Seiten 10 cm Stoff zur tatsächlichen Größe hinzugeben. Am Rückteil geben Sie an den Seiten jeweils 2,5 cm, oben und unten (also an den schmalen Enden) 6 cm hinzu. Für die beiden Henkel benötigen Sie zwei Stücke Stoff im Format 40 x 8 cm, außerdem zwei Futterteile in Rückseitengröße mit rundherum 2,5 cm Nahtzugabe.

STOFFBEARBEITUNG

Markieren Sie am Vorderteil die Größe der Tasche mit Heftstichen. Heften Sie dann eine Linie 5 cm von der oberen Kante entfernt – sie markiert den oberen Rand der Stickerei. Senkrecht dazu die Mittellinie heften.

STICKANLEITUNG

1 Ziehen Sie mit einem weichen Bleistift eine Linie durch der Mitte der Zählvorlage. Spannen Sie den Stoff in den Stick- oder Gobelinrahmen (Seite 19-20).
2 Sticken Sie von der Mitte aus in Kreuzstichen (Seite 22) mit dreifädigem Sticktwist. Ein farbiges Karo in der Zählvorlage steht für einen Kreuzstich über zwei waagrechte und zwei senkrechte Stichquadrate im Gewebe.

303   333   340   337

*NÄHEN SIE diese praktische
Tasche, um alle Lebensmittel
jederzeit «kunst- und stilvoll»
nach Hause tragen zu können.
Die Tasche kann natürlich auch
in anderen Größen gefertigt
werden. Und bei Verwendung
von wasserundurchlässigem
Futter läßt sie sich auch ideal als
Sport- oder Badetasche nutzen, in
der sich auch feuchte Handtücher
oder die Badesachen transpor-
tieren lassen.*

NÄHEN DER TASCHE

1 Die Stickerei von der Rückseite dämpfen. Drücken
Sie nicht zu fest auf! Schneiden Sie das Vorderteil auf
die gleiche Größe wie das Rückteil.

2 Stecken und heften Sie Vorder- und Rückteil
rechts auf rechts zusammen. Schließen Sie Seiten-
und Bodennähte. Schneiden Sie die Nahtzugaben auf
1,5 cm zurück, und schneiden Sie die Ecken ab wie auf
Seite 155 beschrieben. Wiederholen Sie den Vorgang
beim Futter.

3 Stecken und nähen Sie einen 4,5 cm breiten Saum
an der oberen Kante. Schlagen Sie die Futterkante mit
einem 1,5 cm breiten Saum ein.

4 Falten Sie den Stoff für einen Henkel in Längs-
richtung, schlagen Sie die Kanten nach innen, und
nähen Sie sie zusammen – fertig ist der Henkel. Heften Sie einen Henkel an das vordere Innenteil und
den anderen an das hintere Innenteil der Tasche.

5 Die Tasche wenden und die Henkel mit drei Reihen
an die obere Kante steppen. Stecken Sie das Futter in
die Tasche, so daß die Seitennähte zusammenpassen,
und nähen Sie es mit Stoßnaht-Vorstich an (Seite 152).

Folkloristische Bordüren

Folkloristische Bordüren

Folkloristische Motive

Japanische Sashiko-Muster

Afrikanische Muster

Indianische Muster

KAPITEL FÜNF

MOTIVE FÜR EIN SCHÖNES ZUHAUSE

EINFÜHRUNG
....

Wie schon seit Jahrhunderten bereitet das Hobby «Sticken» vielen Menschen auch heute noch, in dieser oft so schnellebigen Zeit, sehr viel Freude. Mit dem Anfertigen schöner Sachen kann man nicht nur auf angenehme Art seine Freizeit verbringen, dieses Freizeitvergnügen bietet obendrein die Gelegenheit, etwas Persönliches herzustellen. In diesem Kapitel ist alles Wissenswerte aufgeführt, das benötigt wird, um eigene Stickdesigns zu entwerfen und herzustellen. Die fertiggestellten Arbeiten sollten Sie unbedingt aufbewahren – vielleicht wird die eine oder andere Stickarbeit in ferner Zukunft zu einem begehrten Sammler- oder Erbstück werden.

Das Sticken von Weihnachtskarten und Christbaumschmuck bietet eine nahezu perfekte Einführung in die Stickerei. Die festlichen Muster auf den Seiten 84 und 85 sind schnell und einfach herzustellen und haben den Vorteil, nicht mit Stickrahmen gestickt werden zu müssen. Es sind fünf Muster für Kartenmotive und drei für Christbaumdekorationen angegeben; eine weitere Auswahl ist in den Vorlagen auf Seite 165 zu finden. Vorproduzierte, im Handel erhältliche Geschenkkarten mit Passepartouts beschleunigen die Ausarbeitung, aber man kann die Karten auch selbst aus dünnem Karton herstellen. Mit den Alphabeten auf den Seiten 160 und 161 lassen sich jederzeit ein paar Grußworte schreiben.

Der goldene Rahmen, der für die Christbaumdekoration verwendet wird, ist auch in anderen Größen und Formen erhältlich.

Wer sich einmal mit dem Sticken und den hier in diesem Kapitel vorgestellten nützlichen Beigaben vertraut gemacht hat, für den bereitet das Selbermachen eines persönlichen Geschenkes in Zukunft kein Problem mehr. Um dem Weihnachtsessen einen festlichen Rahmen zu geben, bietet es sich an, eine Bordü-re aus Stechpalmenmotiven um den Rand der Tischdecke zu sticken. Die in diesem Buch vorgestellten Muster können je nach Anlaß eines Festes, Jubiläums oder auch der Jahreszeit nach ausgesucht werden. Die Nadelkissen auf Seite 123 oder der Briefbeschwerer und das Keramik-Schmuckkästchen auf der Seite 37 lassen sich mit den unterschiedlichsten Motiven besticken. Bis fertiggestellte Stickereien verschenkt werden, bewahrt man sie am besten in Seidenpapier eingewickelt auf.

Die beschriebenen Muster und Motive erlauben es Ihnen aber auch, eigenes Geschenkpapier herzustellen. Übertragen Sie dazu ganz einfach das gewünschte Motiv mit Bunt- oder Filzstiften auf großflächiges Zeichenpapier. Die zum Papier passenden Geschenkanhänger sind einfach herzustellen: Schneiden Sie einen kleinen Ausschnitt desselben Motivs sauber aus, und kleben Sie diesen auf einen dünnen Karton. Wenn Sie nun in einer Ecke des Anhängers ein kleines Loch anbringen, läßt sich ein Band durchziehen, mit dem man den Anhänger am Geschenk befestigt.

Die Duftkissen auf Seite 89 sind ebenfalls einfach zu sticken. Als kleine Aufmerksamkeit sind sie sicherlich jederzeit ein willkommenes Geschenk. Sie können mit getrocknetem Lavendel, Rosenblüten oder einer anderen Duftmischung gefüllt werden.

Das Wandbild auf den Seiten 74 und 75 ist eine der am schwierigsten herzustellenden Arbeiten in diesem Buch. Wer sich aber an dieses Projekt herantraut, wird für die vielen Stunden des Stickens durch das fertige Bild belohnt werden. Außerdem bietet die umfangreiche Stickarbeit eine gute Gelegenheit, verschiedene Techniken auszuprobieren.

Um das bestmögliche Ergebnis zu erhalten, sollten Sie sich angewöhnen, jedes gerade in Arbeit befindliche Teil regelmäßig nach Fehlern durchzusehen. Ein einziger Stich zuviel oder zuwenig – speziell im Bereich der Kanten – kann unter Umständen das gesamte Erscheinungsbild beeinträchtigen. Das Wandbild wird nach der Anleitung auf Seite 76 gestickt. Anstelle des Alphabets können Sie natürlich auch Ihre Anschrift unter das Haus sticken. Zeichnen Sie hierzu Ihre Anschrift auf Millimeterpapier; dabei ist zu beachten, daß die Abstände zwischen den Buchstaben gleichmäßig sind. Sie werden die Abmessungen der Bordüre ändern müssen, wenn Ihre Anschrift aus mehr Buchstaben besteht, als auf der Vorlage angegeben sind. Das Kapitel «Kreatives Sticken» gibt Aufschluß, wie solche Probleme erfolgreich zu bewältigen sind. Um ein individuell gestaltetes Wandbild anzufertigen, suchen Sie zunächst die Muster und Bordüren aus, die Ihnen am besten gefallen. Erstellen Sie sich eine Zählvorlage, indem Sie diese Muster auf Millimeterpapier aufzeichnen (Seite 142). Auf diese Art kann auch eine Skizze oder ein Foto Ihres Hauses in eine Arbeitsvorlage umgewandelt und statt des abgebildeten Häuschens verwendet werden.

Ein gesticktes Bild ist ein persönliches Geschenk für viele Anlässe. Das Amorbild auf Seite 87 wäre ein reizendes Geschenk für eine Verlobung oder Hochzeit. In den Vorlagen sind auch Abbildungen der zwölf Sternzeichen (Seite 94 und 95) sowie deren Symbole (Seite 164) enthalten. Die Geburt eines Kindes ist ein schöner Anlaß, diese Motive zum Besticken eines Geschenktuches zu verwenden. Sticken Sie ein einfaches geometrisches Muster als Bordüre (Seite 134 und 135), oder wiederholen Sie das entsprechende Sternzeichensymbol in jeder Ecke des Tuches. Sie können das gestickte Bild, nachdem es fertiggestellt ist, in einen bunten Rahmen spannen.

Initiale und Monogramme werden hauptsächlich dazu verwendet, um Kleidung, Tischdecken, Servietten oder Wäschestücken eine persönliche Note zu verleihen oder diese als sein Eigentum zu kennzeichnen. Die Ecke der Serviette (Seite 82 und 83) ist mit dem Buchstaben einer traditionellen Schriftart bestickt, verziert durch winzige Blumenmotive. Wer einen moderneren Effekt erzielen will, wählt einen der entspre-

chenden Buchstaben aus den Alphabeten auf den Seiten 90 und 91 aus und stickt geometrische Muster um den Buchstaben herum. Beim Besticken von unregelmäßigem Gewebe behelfen Sie sich am besten mit Stramin (siehe Seite 21).

Monogramme bestehen aus zwei oder mehreren Buchstaben, die nebeneinander stehen, sich überlappen oder ineinander verflochten sind. Die drei Alphabete auf den Seiten 90 und 91 bieten für jeden Geschmack die richtige Schrift.

Die am einfachsten herzustellenden Monogramme sind zwei Buchstaben, die nebeneinander liegen und deren vertikale Linien aufeinander ausgerichtet sind. Mit einer Linie einfacher Kreuzstiche können die Buchstaben effektvoll umrandet werden (Seite 42). Wenn Sie ein Monogramm auf einen Stoff sticken, der beidseitig sichtbar ist, verwenden Sie dafür am besten den wechselseitigen oder den beidseitigen Kreuzstich (Seite 23).

Wer Wert auf ein außergewöhnliches grafisches Erscheinungsbild legt, kann Buchstaben aus unterschiedlich gestalteten Schriftarten miteinander kombinieren. Wer ein kurzes Motto oder Sprichwort sticken möchte, sollte sich beim Aussuchen der richtigen Schriftart genügend Zeit nehmen, um die am besten geeignete herauszufinden. Zum Beispiel kommen überlieferte Sprichwörter wie «Ein Ding der Schönheit ist für immer eine Freude» oder «Home Sweet Home» in einer eher traditionellen Schriftart gestickt viel besser zur Wirkung als in einer modernen Schrift.

Das Stickmustertuch auf Seite 79 zeigt die unterschiedliche Wirkung der verschiedenen Buchstabengrößen und Schriftarten sehr gut. Die Buchstaben wirken für sich; sie bilden ein ausdrucksvolles Muster und benötigen keine zusätzliche Dekoration. Das Alphabet auf Seite 162 und 163 würde, ähnlich angeordnet, auch sehr gut zur Geltung kommen. Als weitere Variante könnten die geometrischen Elemente der Buchstaben mit kontrastierenden Farben gestickt werden.

TRAUMHAUS
IM GRÜNEN

....

Häuser gehören traditionell zu den beliebtesten Motiven für Stickarbeiten. Das hier vorgestellte englische Landhaus ist in einen farbenfrohen Garten eingebettet.

MATERIALIEN
....

- 85 cm breites, weißes Aidagewebe, 43,5 Stiche auf 10 cm (ZWEIGART IDA 1007/1)
- Anchor Sticktwist, Farben: rosa 23, 41, 66; lila 111, 119; orange 304; gelb 305; türkis 186; grün 187, 189, 205, 230, 255, 257, 264, 266; blau 129, 131, 133, 175; grau 401; braun 375, 369, 379, 895
- Gobelinnadel Größe 24
- dunkler Heftfaden
- Stick- und Reißverstärkung
- Nähnadel
- Gobelinrahmen
- Fotokarton
- starker Faden oder feine Schnur

DAS AUSMESSEN
....

Die bestickte Fläche ist ungefähr 29 x 38 cm groß. Geben Sie an allen Seiten mindestens 10 cm hinzu, denn Sie benötigen genügend Randzugabe, um den Stoff in den Rahmen zu spannen, aber auch um die fertige Stickarbeit auf einen stabilen Karton nähen zu können, damit sie – als Wandbild gerahmt – richtig zur Geltung kommt. Wenn Sie in einem sehr großen Stickrahmen arbeiten, kann es sein, daß Sie sogar noch weiteren Stoff an den Rand annähen müssen.

STOFFBEARBEITUNG
....

Schneiden Sie zunächst den Stoff aus, und markieren Sie die tatsächliche Größe des Wandbildes mit Heftstichen. Markieren Sie die waagrechte und senkrechte Mittellinie mit Heftstichen – arbeiten Sie hierbei sorgfältig und genau. Markieren Sie anschließend mit einem weichen Bleistift die Mitte der Zählvorlage.

DIESES aufwendige Wandbild ist sehr anspruchsvoll und somit eher für erfahrene Stickerinnen geeignet als für Anfängerinnen.

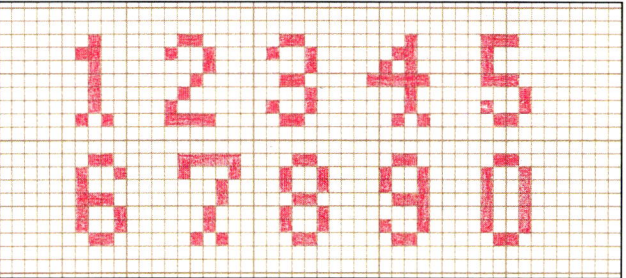

STATT DES ALPHABETS können Sie unterhalb des Häuschens auch Ihren Namen oder Ihre Adresse sticken.

Bevor Sie anfangen zu sticken, sollten Sie die Buchstaben und Ziffern auf Millimeterpapier (Seite 143) übertragen.

Spannen Sie dann den Stoff in den Rahmen (Seite 20). Falls Sie noch Anfängerin sind, ist es sicherlich hilfreich, hinten an den Stoff eine Stick- und Reißverstärkung zu heften.

STICKANLEITUNG
....

1 Sticken Sie – beginnend in der Mitte – mit dreifädigem Sticktwist. Ein farbiges Karo in der Zählvorlage ist immer ein Stich über ein Stichquadrat im Gewebe. Der größte Teil des Bildes ist in Kreuzstichen (Seite 22) gearbeitet, sticken Sie aber die Mauer und die Tür in Halbstichen (Seite 22) und das Strohdach im Zickzackstich. Arbeiten Sie sorgfältig und exakt nach der Zählvorlage. Überprüfen Sie in regelmäßigen Abständen, ob die Stiche so gearbeitet sind, wie in der Zählvorlage vorgegeben.

2 Nach Fertigstellung des Häuschens und der Pflanzen werden die Konturen des Strohdachs in Rückstichen (Seite 22) gestickt, und zwar mit schwarzem, zweifädigem Sticktwist über ein Stichquadrat.

3 Sticken Sie in Rückstichen mit einem grauen Faden diagonale Reihen über die Fensterflächen. Arbeiten Sie die Buchstaben und die Bordüre mit dreifädigem Sticktwist in Kreuzstichen.

FERTIGSTELLEN DES BILDES
....

1 Wenn Sie mit dem Sticken fertig sind, reißen Sie die Verstärkung dicht entlang der Stickerei vorsichtig ab. Danach dämpfen Sie die fertige Stickerei von der Rückseite. Drücken Sie nicht zu fest auf!

2 Suchen Sie einen passenden Rahmen und eventuell ein Passepartout aus. Nähen Sie die Stickerei auf einen passenden Karton (Seite 156 und 157). Benutzen Sie dazu einen starken Faden oder eine feine Schnur.

ALPHABET
IN VERSCHIEDENEN SCHRIFTEN

Die Buchstaben unseres Alphabets sind schon seit langer Zeit ein äußerst beliebtes Motiv beim Sticken. In diesem Wandbild finden Sie Buchstaben aus fünf unterschiedlichen Schriftarten, die auf äußerst interessante und anregende Weise zu einem kompletten Alphabet kombiniert worden sind. Die uneinheitliche Größe der Buchstaben bei gleichzeitiger Verwendung unterschiedlicher Farben deuten weitere Kombinationsmöglichkeiten an, auf die jeder zurückgreifen kann, der eine Grafik sticken will, die «nur» aus Buchstaben besteht.

MATERIALIEN

- 85 cm breites, weißes Aidagewebe, 43,5 Stiche auf 10 cm (ZWEIGART IDA 1007/1)
- Anchor Sticktwist, Farben: rosa 87; rot 20; gelb 297; orange 314; eisblau 433; blau 133; grün 256
- Gobelinnadel Größe 24
- dunkler Heftfaden
- Stick- und Reißverstärkung
- Nähnadel
- Gobelinrahmen
- Fotokarton
- starker Faden oder feine Schnur

DAS AUSMESSEN

Die Fläche, die bestickt wird, ist etwa 18 x 25 cm groß. Geben Sie an allen Seiten mindestens 10 cm hinzu, denn Sie benötigen genügend Randzugabe, um den Stoff in den Rahmen zu spannen, aber auch um die fertige Stickarbeit auf einen stabilen Karton nähen zu können, damit sie – als Wandbild gerahmt – richtig zur Geltung kommt. Wenn Sie in einem sehr großen Rahmen arbeiten, kann es sein, daß Sie noch weiteren Stoff an den Rand annähen müssen.

STOFFBEARBEITUNG

Schneiden Sie zunächst den Stoff aus, und markieren Sie die tatsächliche Größe des Wandbildes mit Heftstichen. Markieren Sie dann die waagrechte und senkrechte Mittellinie mit Heftstichen – arbeiten Sie hierbei sorgfältig und genau. Markieren Sie anschließend mit einem weichen Bleistift die Mitte der Zählvorlage. Spannen Sie dann den Stoff in den Rahmen (Seite 20). Falls Sie noch Anfängerin sind, ist es sicherlich hilfreich, hinten an den Stoff eine Stick- und Reißverstärkung zu heften.

STICKANLEITUNG

1 Sticken Sie – beginnend in der Mitte – in Kreuzstichen (Seite 22) mit dreifädigem Sticktwist. Jedes farbige Karo in der Zählvorlage steht für einen Stich über ein Stichquadrat im Gewebe.

2 Arbeiten Sie sorgfältig und exakt nach der Zählvorlage. Überprüfen Sie in regelmäßigen Abständen, ob die Stiche so gearbeitet sind, wie in der Zählvorlage vorgegeben.

FERTIGSTELLEN DES BILDES

1 Wenn Sie mit dem Sticken fertig sind, reißen Sie die Verstärkung dicht entlang der Stickerei vorsichtig ab. Danach wird die fertige Stickerei auf der Rückseite gedämpft. Drücken Sie nicht zu fest auf!

2 Suchen Sie einen passenden Rahmen und ein Passepartout aus. Nähen Sie die Stickerei auf einen passenden Karton (Seite 157). Benutzen Sie dazu einen starken Faden (Knopflochzwirn) oder eine feine Schnur.

3 Lesen Sie den Ratschlag auf Seite 157, bevor Sie einen Rahmen kaufen.

IDEEN FÜR VARIATIONEN

Das Sticken eines Alphabets ist die ideale Übung für eine Anfängerin. Sticken Sie jeden einzelnen Buchstaben immer erst zu Ende, bevor Sie mit dem nächsten beginnen. Äußerst lehrreich ist es, wenn Sie jede Buchstabenreihe etwas anders sticken als die zuvor gearbeitete Reihe. Es ist keinesfalls zwingend vorgeschrieben, immer ein komplettes Alphabet zu sticken. Ihr erstes Projekt könnte auch aus lediglich drei Buchstaben bestehen. Wenn Sie die Buchstaben in Blau oder Rosa sticken, wäre ein solches Stickmustertuch ein nettes Geschenk zur Geburt eines Kindes. Eine schöne Wirkung ist zu erzielen, wenn ein gesticktes Alphabet von einer geometrischen Bordüre umrahmt wird.

DIE BUCHSTABEN sind in kräftigen, kontrastierenden Farben gehalten. Wäre das komplette Alphabet in einer einzigen Farbe gestickt, würde das Bild ganz anders auf den Betrachter wirken.

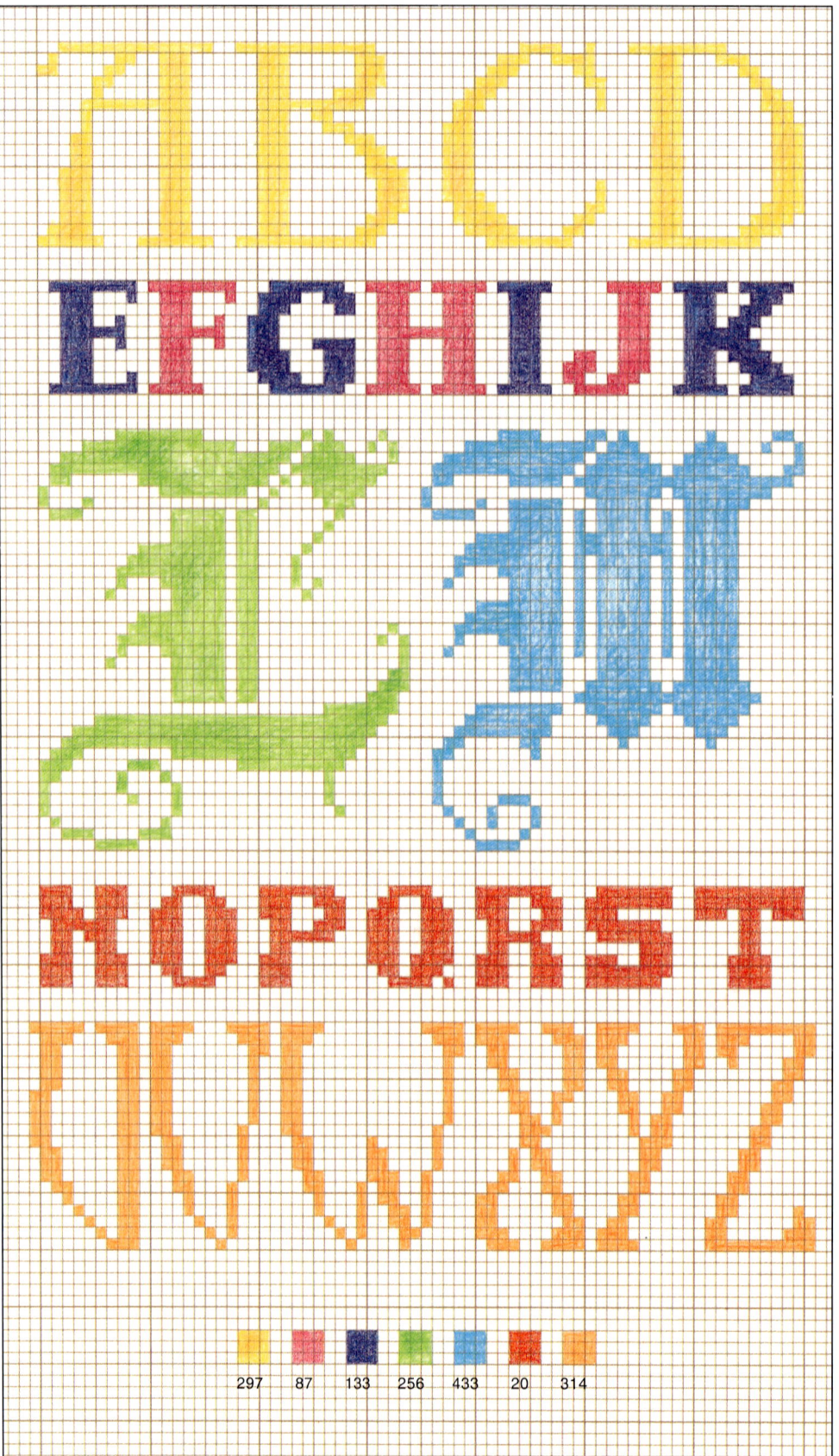

JEDER BUCHSTABE sollte exakt nach Zählvorlage gestickt werden. Achten Sie auf regelmäßigen Abstand zwischen den Buchstaben und Zeilen.

| 297 | 87 | 133 | 256 | 433 | 20 | 314 |

SERVIETTE
MIT MONOGRAMM

 Weiße Servietten können mit ganz einfachen Mitteln effektvoll aufgewertet werden: Man bestickt sie mit dekorativen Monogrammen. Eine solche Stickarbeit ist nicht nur schnell zu erlernen und fertigzustellen – bestickte Servietten sind ein beliebtes und schönes Geschenk.

MATERIALIEN

- 130 cm breites, weißes Aidagewebe, 70 Stiche auf 10 cm (ZWEIGART FEINAIDA 3793/1)
- Anchor Sticktwist, Farben: rosa 62; lila 99; eisblau 410; grün 256, 923
- Gobelinnadel Größe 24
- dunkler Heftfaden
- passender Nähfaden
- Nähnadel und Stecknadeln
- Stickrahmen

DAS AUSMESSEN

Servietten sind normalerweise quadratisch und messen 30 x 30 cm oder – für ein ausgiebiges Abendessen – 60 x 60 cm. Überlegen Sie sich, welche Größe für Ihren Bedarf passend ist. Eine praktische Allzweckserviette ist 38 x 38 cm groß. Aus einem 90 cm langen Stück eines 130 cm breiten Stoffes können somit – inklusive einer Saumzugabe von 2 cm an jeder Seite – sechs Servietten genäht werden.

STOFFBEARBEITUNG

Schneiden Sie den Stoff in der gewünschten Größe aus, und markieren Sie mit Heftstichen die Lage des Buchstabens – er liegt ungefähr 6 cm (zuzüglich 2 cm Saumzugabe) von zwei aufeinander zulaufenden Seitenkanten der Serviette entfernt.

STICKANLEITUNG

Spannen Sie den Stoff sorgfältig in den Stickrahmen (Seite 19). Sticken Sie jeweils vom Rand des zuvor markierten Quadrates aus. Übertragen Sie das Muster

EIN FARBIGES KARO in der Zählvorlage ist immer ein Kreuzstich über zwei waagrechte und zwei senkrechte Stichquadrate.

| 410 | 256 | 923 | 62 | 99 |

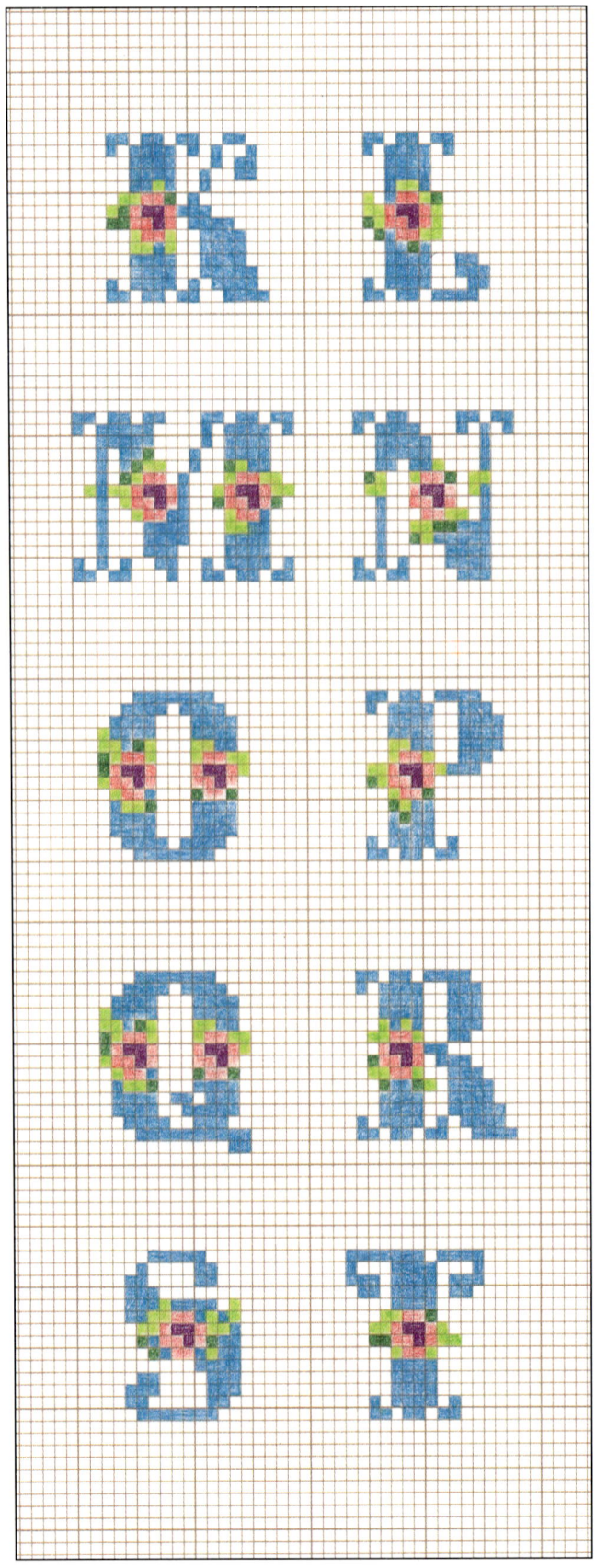

IDEALERWEISE sticken Sie die Monogramme in Farben, die genau zu Ihrem Porzellan passen. Sollten Sie es vorziehen, weniger verzierte Buchstaben sticken zu wollen, finden Sie Beispiele hierfür auf den Seiten 90 und 91.

DIE ZÄHLVORLAGE unten rechts auf der Seite 83 zeigt den Buchstaben «A», verziert mit zwei zusätzlichen Blüten. Benutzen Sie diese Vorlage, um auch andere Buchstaben des Alphabets zu dekorieren.

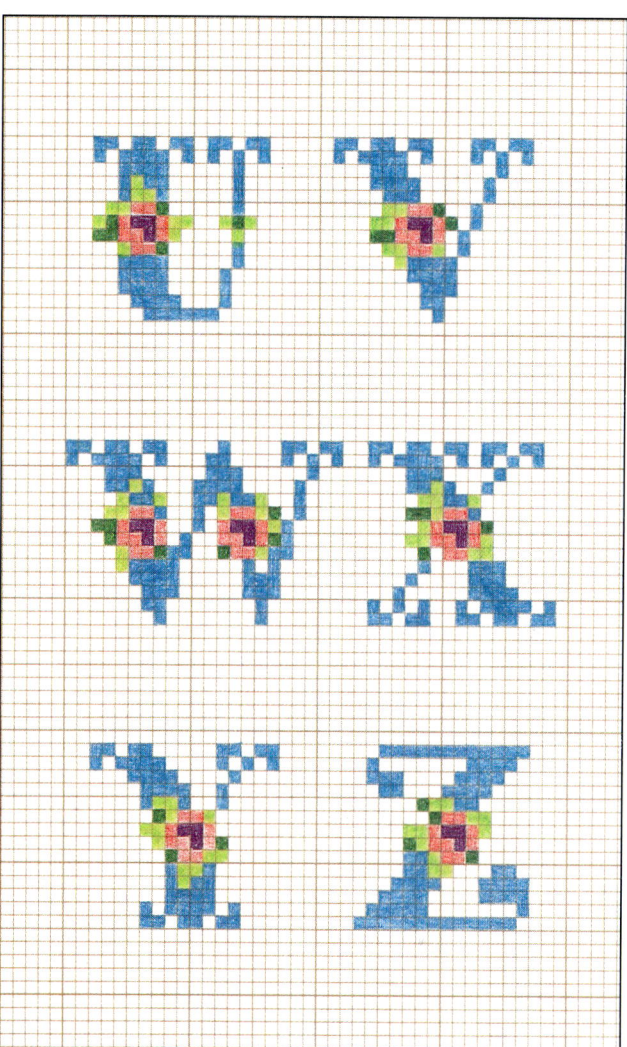

in Kreuzstichen (Seite 22) mit dreifädigem Sticktwist. Jedes farbige Karo in der Zählvorlage steht für einen Kreuzstich über zwei waagrechte und zwei senkrechte Stichquadrate im Gewebe.

FERTIGSTELLEN DER SERVIETTE
....

1 Die fertige Stickerei wird auf der Rückseite gedämpft. Drücken Sie dabei nicht zu fest auf!

2 Stecken und heften Sie einen schmalen doppelten Saum (Seite 152) um die Serviette herum. Achten Sie darauf, daß die Ecken (Seite 153) sauber gearbeitet werden. Nähen Sie den Saum entweder mit der Nähmaschine oder von Hand mit einer Reihe von Vorstichen (Seite 152).

WEIHNACHTSKARTEN
UND CHRISTBAUMSCHMUCK

Sehen Sie hier, wie einfach sich eigene Grußkarten und Christbaumschmuck herstellen
lassen. Alle Stickarbeiten sind klein genug,
um in der Hand gestickt zu werden.

MATERIALIEN

WEIHNACHTSKARTEN:
- Rest weißes Aidagewebe, 70 Stiche auf 10 cm
  (ZWEIGART FEINAIDA 3793/1)
- Anchor Sticktwist, Farben: rot 46, 334; orange
  314; gelb 297; eisblau 410; grün 238, 923;
  grau 235, 401; rost 339; braun 382
- Passepartoutkarten

CHRISTBAUMSCHMUCK:
- Rest weißes Aidagewebe, 70 Stiche auf 10 cm
  (ZWEIGART FEINAIDA 3793/1)
- Anchor Sticktwist, Farben: rot 46; grün 238, 923;
- kleine runde Rahmen
- dunkelrotes schmales Satinband

STICKANLEITUNG

1 Falten Sie den Stoff zweimal – nun können Sie bequem mit einer Nadel die Mitte markieren. Kennzeichen Sie auch die Mitte der Zählvorlage.

2 Sticken Sie das gewünschte Motiv mit einer Gobelinnadel (Größe 24) von der Mitte aus in Kreuzstichen (Seite 22) mit dreifädigem Sticktwist.

3 Sticken Sie die Blattadern auf den Stechpalmen in
Rückstichen (Seite 22), halten Sie sich auch hierbei
an die Vorgaben der Zählvorlage. Sticken Sie die Konturen und Detaillinien auf die gleiche Weise. Zum
Sticken der Stechpalmenbeeren wird mit Knötchenstichen (Seite 23) gearbeitet.

CHRISTBAUMSCHMUCK
UND KARTEN FERTIGSTELLEN

1 Die fertige Stickerei von der Rückseite dämpfen.
Drücken Sie hierbei nicht zu fest auf!

2 Messen Sie den Fensterausschnitt der Karte, und
schneiden Sie den Stoff passend (plus 1,5 cm Rand)
dazu aus. Befestigen Sie die Stickerei mit Klebeband
von hinten am Fensterausschnitt. Kleben Sie darüber
eine Rückwand – so ist die Stickerei gut geschützt.

3 Die kleinen Bilder werden in einen goldenen Rahmen gefaßt, an dem ein kurzes Band befestigt wird.

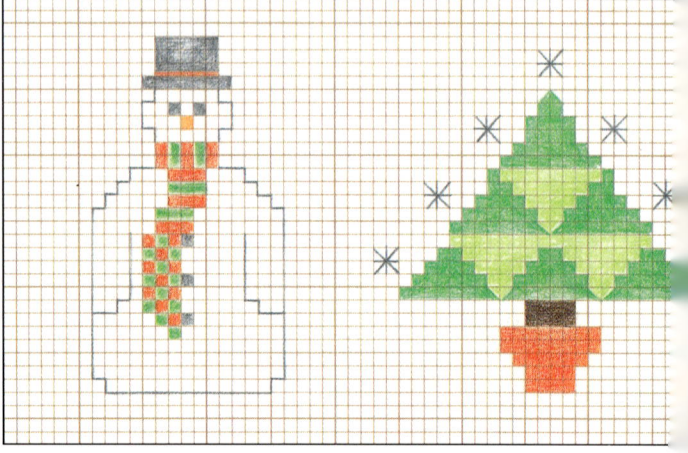

ALLE HIER *vorgestellten Weih-*
nachtsmotive sind in derselben
Stichgröße gestickt: Ein farbiges
Karo in der Zählvorlage steht
jeweils für einen Kreuzstich über
zwei waagrechte und zwei senk-
rechte Stichquadrate im Aidage-
webe. Auch jeder Rückstich geht
über zwei Stichquadrate, auch er
wird mit dreifädigem Sticktwist
gearbeitet.

| | 334 | 297 | 410 | | | | |
| 46 | 923 | 314 | 339 | 382 | 235 | 401 | 238 |

AMOR
GOTT DER LIEBE

. . . .

 Amor, der römische Gott der Liebe, läßt sich zu allen freudigen Ereignissen, die die Partnerschaft betreffen, verschenken.

MATERIALIEN
. . . .

- 85 cm breites, weißes Aidagewebe, 43,5 Stiche auf 10 cm (ZWEIGART IDA 1007/1)
- Anchor Sticktwist, Farben: rosa 55, 63, 276; gelb 298, 306; türkis 186; blau 161; grün 225; beige 300; hellbraun 337
- Gobelinnadel Größe 24
- dunkler Heftfaden
- Stick- und Reißverstärkung
- Nähnadel
- Gobelinrahmen
- Fotokarton
- starker Faden oder feine Schnur

DAS AUSMESSEN
. . . .

Die Fläche, die bestickt wird, ist etwa 15 x 15 cm groß. Geben Sie an allen Seiten mindestens 10 cm hinzu, denn Sie benötigen genügend Randzugabe, um den Stoff in den Rahmen zu spannen, aber auch um die fertige Stickarbeit auf einen stabilen Karton nähen zu können, damit sie – als Wandbild gerahmt – richtig zur Geltung kommt. Wenn Sie in einem sehr großen Rahmen arbeiten, kann es sein, daß Sie noch weiteren Stoff an den Rand annähen müssen.

STOFFBEARBEITUNG
. . . .

Schneiden Sie den Stoff aus. Markieren Sie die waagrechte und senkrechte Mittellinie mit Heftstichen – arbeiten Sie dabei sorgfältig und genau. Markieren Sie anschließend mit einem weichen Bleistift die Mitte der Zählvorlage. Spannen Sie nun den Stoff in den Rahmen (Seite 20). Falls Sie noch Anfängerin sind, ist es hilfreich, hinten an den Stoff die Stick- und Reißverstärkung zu heften.

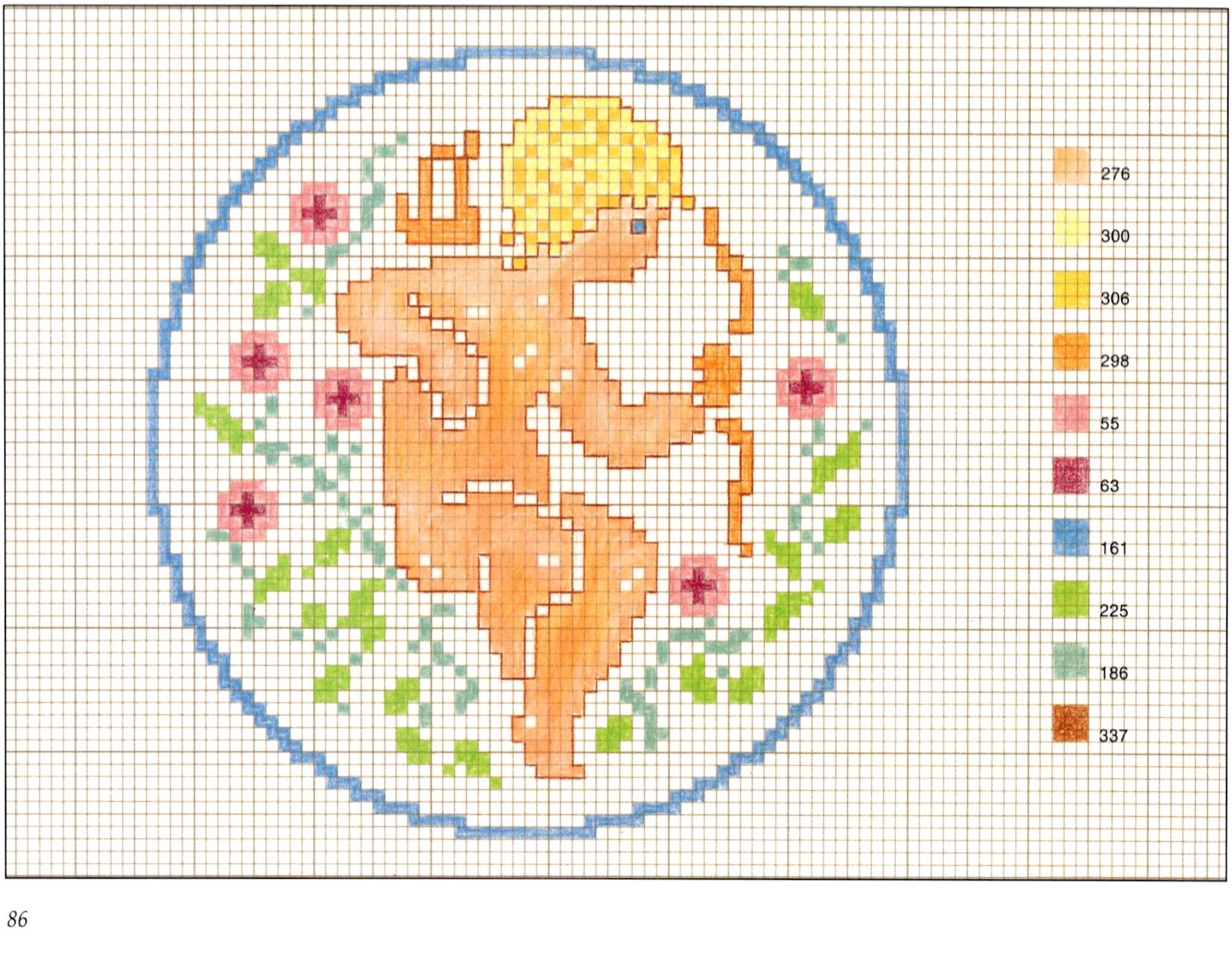

276	
300	
306	
298	
55	
63	
161	
225	
186	
337	

DIE KONTURLINIEN
sind auf der Zählvorlage genau
markiert. Sticken Sie zunächst
die Figur, den Köcher und den
Bogen, danach die Konturen.

*DAS BILD wirkt am effekt-
vollsten, wenn Sie ein Passepartout benutzen und die fertige
Arbeit in einen schmalen Holzrahmen einsetzen.*

3 Sticken Sie die Blumen und den Kreis in Kreuzstichen mit dreifädigem Sticktwist. Arbeiten Sie sorgfältig und exakt nach der Zählvorlage. Überprüfen Sie in
regelmäßigen Abständen, ob die Stiche so gearbeitet
sind, wie in der Zählvorlage vorgegeben.

FERTIGSTELLEN DES BILDES

1 Wenn Sie mit dem Sticken fertig sind, reißen Sie
die eventuell angebrachte Reißverstärkung dicht entlang der Stickerei vorsichtig ab. Danach wird die fertige Stickerei von der Rückseite gedämpft. Drücken
Sie hierbei nicht zu fest auf!

2 Suchen Sie einen passenden Rahmen und ein Passepartout aus. Nähen Sie die Stickerei auf einen passenden Karton (Seite 157). Benutzen Sie dazu einen starken Faden oder eine feine Schnur.

3 Lesen Sie den Ratschlag auf Seite 156 und 157, bevor Sie einen Rahmen kaufen.

STICKANLEITUNG

1 Sticken Sie – wie gewohnt von der Mitte aus – in
Kreuzstichen (Seite 22) mit dreifädigem Sticktwist.
Ein farbiges Karo in der Zählvorlage steht jeweils
für einen Kreuzstich über ein Stichquadrat im Aidagewebe.

2 Nachdem Sie die Motive fertig gestickt haben, arbeiten Sie mit Rückstichen (Seite 22) die Konturen
heraus, und zwar mit zweifädigem Sticktwist über jeweils ein Stichquadrat.

SPITZENKISSEN
MIT DUFTFÜLLUNG

....

 Nähen und besticken Sie eines dieser wunderschönen Kissen, und füllen Sie es mit einer gut riechenden Duftmischung. Legen Sie es zu Ihrer Unterwäsche, oder nähen Sie einen Aufhänger daran, um es in den Kleiderschrank zu hängen.

MATERIALIEN
....

- kleine Stücke blauen Zählstoffes, 71 Gewebefäden auf 10 cm (ZWEIGART DAVOSA 3770/507)
- Anchor Sticktwist, Farben: weiß; rosa 89, 334; rot 62
- Gobelinnadel Größe 24
- heller Heftfaden
- passender Nähfaden
- Nähnadel und Stecknadeln
- Stricknadel
- Duftmischung
- Füllwatte
- Stickrahmen

DAS AUSMESSEN
....

Jedes Kissen besteht aus einem Vorder- und einem Rückteil. Die Maße der beiden Kissen sind: ungefähr 10 x 10 cm (Kissen mit einem Herzen); etwa 12 x 12 cm (Kissen mit vier Herzen). Geben Sie bei beiden Kissen – und zwar bei Vorder- und Rückseite – an allen Seiten 1,5 cm Nahtzugabe hinzu, plus zusätzlich so viel Stoff, daß jedes Stück bequem in den Stickrahmen paßt.

STOFFBEARBEITUNG
....

Markieren Sie die waagrechte und senkrechte Mittellinie mit Heftstichen – arbeiten Sie hierbei sorgfältig und genau. Markieren Sie anschließend mit einem weichen Bleistift die Mitte der Zählvorlage. Spannen Sie dann den Stoff in den Stickrahmen ein (Seite 19).

STICKANLEITUNG
....

1 Beginnen Sie mit den Herzen. Sticken Sie sie in Kreuzstichen (Seite 22) mit dreifädigem Sticktwist. Ein farbiges Karo in der Zählvorlage ist immer ein Stich über zwei waagrechte und zwei senkrechte Gewebefäden.

2 Sticken Sie nun die Spitzen und die Bordüre. Den Zickzackeffekt am Rand des Musters erzielen Sie durch Halbstiche (Seite 22).

weiß	334	62	89	507 (Stoff)

DER EFFEKT, daß die Kissen wie eine «Spitzen»-Arbeit aussehen, wird dadurch erzielt, daß einige Teile der Oberfläche unbestickt bleiben. Jedesmal, wenn in der Zählvorlage ein Dreieck vorkommt, wird bei der Herstellung dieser Duftkissen in Halbstichen gearbeitet .

BEIM FÜLLEN der Kissen sollten Sie darauf achten, daß die von Ihnen ausgesuchte Duftmischung überwiegend aus größeren Einzelteilen – Blütenblätter, Fruchtstücke etc. – besteht. Die Füllwatte gewährleistet, daß die Kissen eine glatte und gleichzeitig feste Oberfläche erhalten.

NÄHEN DER KISSEN

1 Die fertige Stickerei von der Rückseite dämpfen. Drücken Sie dabei nicht zu fest auf! Schneiden Sie das Vorderteil auf die gewünschte Größe zurecht, lassen Sie aber etwa 1,5 cm Saumzugabe stehen.

2 Legen Sie die rechte Seite des Vorderteils auf die rechte Seite des Rückteils, und nähen Sie die beiden Teile mit der Maschine zusammen. Lassen Sie an einer Seite einen etwa 5 cm breiten Schlitz offen.

3 Schneiden Sie die Ecken zurück (Seite 155), und ziehen Sie das Kissen nach außen. Formen Sie die Ecken von innen vorsichtig mit einer Stricknadel.

4 Füllen Sie das Kissen mit der Füllwatte und der von Ihnen ausgesuchten Duftmischung. Mit Hilfe der Stricknadel lassen sich auch die Ecken fest auspolstern.

5 Nähen Sie den Schlitz von Hand (Seite 152) zu.

Buchstaben für Monogramme

Buchstaben für Monogramme

Bordürenmuster

Bordürenmuster

Kleine Buchstaben für Grußkarten

Sternzeichen

KAPITEL SECHS

MOTIVE DER NATUR

EINFÜHRUNG

D as Wort «Natur» ruft bei vielen Menschen eine große Anzahl an Bildern hervor – viele von ihnen so vertraut, daß ihr Vorhandensein oft schon für selbstverständlich gehalten wird. Die Schönheiten der Schöpfung bieten aber nicht nur Genuß für die Sinne, sie stellen auch eine nahezu unerschöpfliche Quelle an Motiven dar, die in jede Art künstlerischen Schaffens – und somit auch in die Stickerei – einfließen können: Bäume; Wälder und Landschaften; Früchte und Beeren; der Regenbogen; Vögel, Tiere, Schmetterlinge und andere Insekten; Fische, Muscheln und andere Meeresbewohner; Steine und Mineralien – die Liste der Wunder, die die Natur bereithält, ließe sich mühelos fortsetzen. Und von all diesen «Motiven» kann man sich inspirieren lassen.

Heute, in einer Zeit, die auch geprägt ist von wachsenden Sorgen um die Erhaltung der Natur, werden wir uns immer mehr bewußt, wieviel Verantwortung der Mensch überhaupt trägt, diesen schönen und wohl einmaligen Planeten der Nachwelt zu erhalten. Viele Menschen kümmern sich bereits tatkräftig um diese Probleme, indem sie Abfallprodukte der Wiederverwertung zuführen und auf umweltfreundliche Produkte zurückgreifen, anstatt «scharfe» Chemikalien zu verwenden; viele lassen auch Teile ihres Garten unangetastet «wild» zuwachsen – Kleintiere finden dort, in ihrem natürlichen Lebensraum, sicheren Schutz.

Auf ihre eigene Art und Weise sollen die Motive und Projekte dieses Kapitels die neue Freude an der Natur reflektieren.

Das Muster mit der knackigen Karotte auf der Schürze (Seite 100 und 101) ist relativ schnell zu sticken. Die orangefarbenen Karotten sind mit dem Halbstich gestickt und mit dem Rückstich umrahmt, lediglich die Blätter sind mit dem Kreuzstich gearbei-

tet. Es besteht natürlich auch die Möglichkeit, ein oder zwei Karottenmotive auf einen separaten Stoff zu sticken und diesen dann als Tasche an die Schürze zu nähen. Auch einige andere der größeren Motive der Vorlagensammlung am Ende des Kapitels würden auf Schürzen gut aussehen, insbesondere die getigerte Katze (Seite 115) und die zwei tropischen Fische (Seite 117).

Das Schwanenmuster auf der Seite 103 und das Gänsemuster auf der Seite 116 sind zum Dekorieren von Kopfkissen bestens geeignet. Beide sind einfach herzustellen, vorausgesetzt man beginnt mit dem Sticken in der Mitte und arbeitet sich dann – sich genau an die Zählvorlage haltend – nach außen vor. Der Schwan und die Gans wurden entworfen, um auf hellblauen Hintergrund gearbeitet zu werden; beide Motive können aber auch auf andersfarbige Stoffe gestickt werden, der Himmel wird dann mit hellblauem Faden nachgestickt. In der Mustersammlung dieses Kapitels sind zwei weitere Motive enthalten, die ähnlich behandelt werden können: Die Parkbäume (Seite 114) eignen sich ideal, eine große rechteckige Fläche zu füllen. Und das herrlich exotische Schmetterlingsquartett (Seite 117), das auf einem Ast sitzt, paßt auf ein hochformatiges Rechteck. Die Farben dieser beiden Motive können also ebenfalls variiert werden, um in die spätere Umgebung zu passen.

Die Bordüre mit dem Schmetterlingsmotiv auf den Seiten 106 und 107 sowie die Kirschen auf der Seite 105 sind relativ einfach zu sticken. Vergessen Sie aber auch hier nicht, in der Mitte der Bordüre mit dem Sticken zu beginnen – so ist sichergestellt, daß das Muster gleichmäßig an den Enden ausläuft. Die Schrankbordüre mit Kirschmotiv ist entlang der unteren Kante mit Spitze ausgestattet. Sie können die Spitze entweder kaufen oder nach der Anweisung auf der Seite 148 selber häkeln. Hierbei ist noch zu beachten, daß das Garn vorgewaschen sein sollte – beim späteren Waschen kann das Material nicht einlaufen.

Die Vorlagensammlung am Ende des Kapitels zeigt noch zehn weitere Bordürenmotive, die Sie anstelle der Kirschen- oder Schmetterlingsbordüren verwenden können. Es gibt natürlich weitere Materialien und Stoffe, zu denen die vorgestellten Bordüren gut passen würden. So eignen sie sich etwa sehr gut dazu, den Rand einer Tischdecke zu umsäumen; auch am oberen Rand eines Bettlakens oder einer Bettdecke sind diese Bordüren gut vorstellbar, genauso wie an den Saum eines Kinderkleides oder auf eine Schürze gestickt.

Die Muster einer Bordüre müssen nicht zwangsläufig in einer Reihe gestickt werden – sie können das Motiv auch einzeln verwenden oder so wie die Muscheln, die auf den Seiten 108 und 109 abgebildet sind. Sehr effektvoll wirken auch einzelne Erdbeeren oder Blätter, die eher wahllos auf eine Tischdecke gestickt werden – hier hat man einen perfekten Hintergrund für ein sommerliches Picknick.

Ein Bild für ein Kinderzimmer sollte hell und bunt sein, um die Aufmerksamkeit des Kindes auf sich zu ziehen. Die schwimmenden Fische im Glas auf Seite 111 sind sehr witzig – auch könnten sie zum Ausgangspunkt mancher Gute-Nacht-Geschichte werden. Für Kinder, die gerade erste Bekanntschaft mit dem Alphabet schließen, könnten auch einige Buchstaben oder ganze Sätze (etwa: «F steht für Fisch» oder «Zwei gestreifte Fische schwimmen im Aquarium») unter das Bild gestickt werden.

Diese Bild-Wort-Kombination kann natürlich auch bei anderen Motiven angewendet werden – besonders gut eignen sich hierfür der Tukan (Seite 116) oder die Mitglieder der Katzenfamilie (Seite 115).

Wenn Sie an einer großen Stickerei arbeiten, sollten Sie einen großen Stick- oder Gobelinrahmen benutzen, um den Stoff zu befestigen. Der Stoff wird dann gleichmäßig gespannt, und die Stiche werden sauber und exakt, ohne daß der Stoff sich verdrehen oder außer Form gebracht werden kann. Eine Stick- und Reißverstärkung ist sinnvoll, wenn man an einem Projekt mit großflächiger Stickerei arbeitet. Die Verstärkung ist ein dünner, weicher Vliesstoff, der im Stickfeldbereich auf die Rückseite des Gewebes geheftet wird, um es während des Stickens zu stabilisieren. Dabei wird durch den Stoff und durch die Verstärkung gestochen. Nachdem die Arbeit fertiggestellt ist, wird die Stick- und Reißverstärkung vorsichtig um die bestickten Flächen herum abgerissen oder abgeschnitten.

Viele Stickerinnen entwerfen gerne eigene Motive, um eine persönliche Note in ihre Arbeiten zu bringen. Wer ein Motiv aus der Natur in eine Stickerei umsetzen will, aber nicht so gut zeichnen kann, für den kann ein Fotoapparat eine nützliche Hilfe bedeuten. Fotos von Landschaften, Wäldern, Tieren oder Pflanzen können jederzeit als Designvorlage genutzt werden. Es ist niemals unklug, von den Landschaften, die einem gefallen, mehrere Bilder zu machen – und zwar jeweils von einem anderen Standort aus. So hat man hinterher einen größeren Spielraum bei der Motivauswahl. Reizvoll ist es auch, vom gleichen Standpunkt aus zu jeder Jahreszeit eine neue Aufnahme zu machen. Sticken Sie sich mit diesen vier jahreszeitlichen Fotos, die wie auf Seite 142 beschrieben in eine Stickvorlage umgesetzt werden, ein vierteiliges Set. Das wäre sicherlich auch eine besonders schöne Geschenkidee. Hilfreich ist es auch, wenn man sich genaue Vermerke über die Farben und die Oberflächenstruktur (grob, körnig, matt, glänzend) des Motivs zur Zeit der Fotoaufnahme macht – Stoffe und Garne für die Stickarbeit lassen sich später dann viel einfacher bestimmen.

Auch Fotos aus Reisekatalogen, Hochglanzmagazinen oder Kinderbüchern lassen sich in eine Stickarbeit umwandeln. Das Kapitel «Kreatives Sticken» ab Seite 140 zeigt Ihnen in allen Einzelheiten, wie dieses «Motiv-Umwandeln» geht.

KAROTTEN
SCHÜRZE

 Mit dieser fröhlichen Schürze könnte man bei einer bestimmten Comicfigur sicherlich einen Volltreffer landen. Die Karotten sind schnell und einfach in Kreuzstichen, Halbstichen und Rückstichen zu sticken.

MATERIALIEN

- 130 cm breites, weißes Aidagewebe, 70 Stiche auf 10 cm (ZWEIGART FEINAIDA 3793/1)
- Anchor Sticktwist, Farben: orange 298, 316, 333; grün 256
- Gobelinnadel Größe 24
- dunkler Heftfaden
- grüne Schrägstreifen oder grüner Baumwollstoff
- passender Nähfaden
- Nähnadel und Stecknadeln
- Stickrahmen
- Schnittmusterpapier

DAS AUSMESSEN

Die Schürze ist etwa 48 cm breit und 76 cm lang. Zur Herstellung benötigen Sie ein Stoffstück mit den Maßen 58 x 86 cm.

STOFFBEARBEITUNG

Zuerst wird der Schürzenschnitt auf den Seiten 156 und 157 (entsprechend vergrößert) auf Schnittmusterpapier gezeichnet und danach ausgeschnitten. Übertragen Sie die Schnittkontur mit Heftstichen auf den Stoff. Das Stickmuster ist 61 Karos breit und 59 Karos hoch. Ein farbiges Karo in der Zählvorlage ist immer ein Kreuzstich über zwei waagrechte und zwei senkrechte Stichquadrate im Gewebe. Markieren Sie nun mit Heftstichen ein Rechteck, 122 Stichquadrate breit und 118 Stichquadrate lang. Inmitten dieses Rechtecks, etwa 5 cm vom oberen Rand entfernt, werden die drei Karotten plaziert.

STICKANLEITUNG

1 Markieren Sie sowohl die waagrechte als auch die senkrechte Mittellinie mit Heftstichen. Kennzeichnen Sie anschließend auch die Mitte der Zählvorlage, verwenden Sie hierzu wie gewohnt einen weichen Bleistift. Spannen Sie dann den Stoff in den Stickrahmen (Seite 19) ein.

| 256 | 298 | 316 | 333 |

DIESES APPETITLICHE
Karottentrio ist aus einer Kombination von Stichen gestickt:
Kreuzstich, Halbstich und Rückstich sind die Sticktechniken
dieser Schürze. Denken Sie beim
Sticken daran: Ein farbiges Karo
in der Zählvorlage steht für je
einen Kreuzstich über zwei
waagrechte und zwei senkrechte
Stichquadrate im Aidagewebe.

2 Sticken Sie die Karotten – auch hier wieder von
der Mitte ausgehend und genau nach Zählvorlage – in
Halbstichen (Seite 22), die Blätter in Kreuzstichen
(Seite 22) und die Karottenkonturen in Rückstichen
(Seite 22) mit dreifädigem Sticktwist.

NÄHEN DER SCHÜRZE
....

1 Dämpfen Sie die fertige Stickerei von der Rückseite. Drücken Sie hierbei nicht zu fest auf!
2 Nähen Sie das Schrägband an die Schürze – oder
fertigen Sie erst Ihr eigenes Schrägband (Seite 153)
und nähen es an der Schürze fest. Fangen Sie in beiden Fällen an den Armausschnittkanten an.
3 Zum Abschluß fertigen Sie aus Schrägstreifen die
Schürzenbänder und befestigen auch diese an der
Schürze.

SCHWAN
KISSENBEZUG

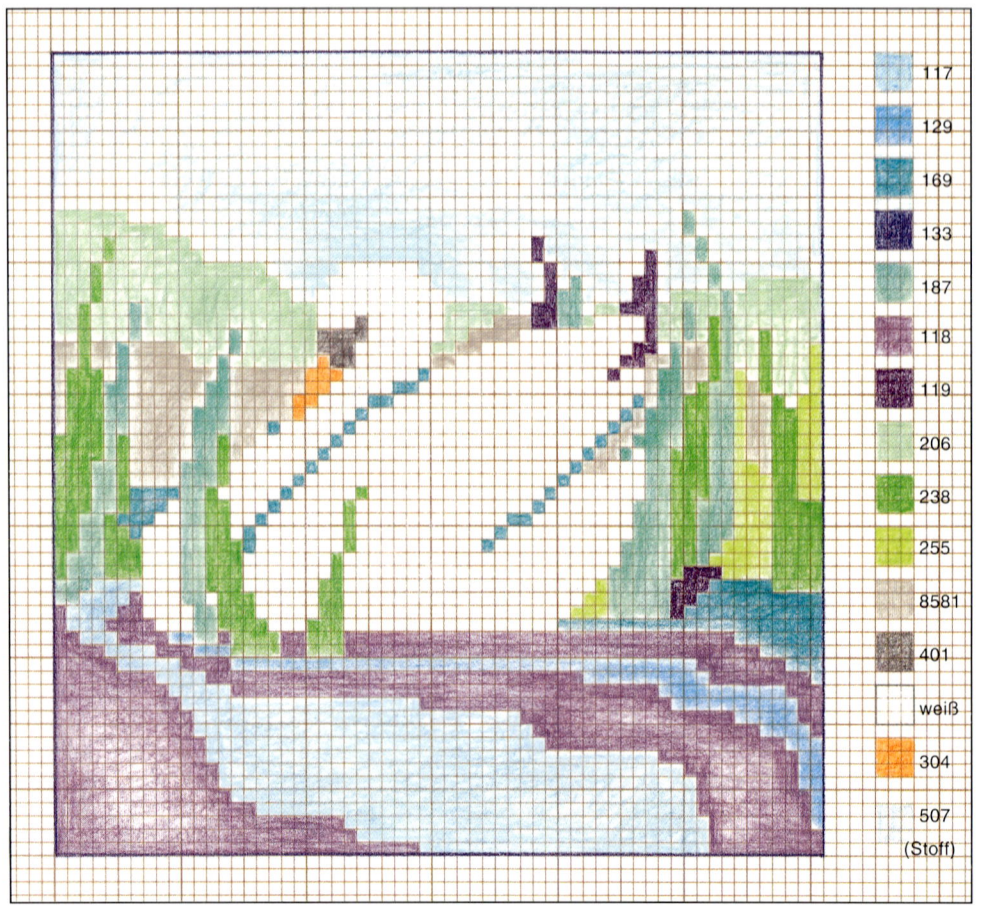

Ein quadratischer Kissenbezug ist der ideale Hintergrund für eine Stickarbeit, unabhängig von der Motivauswahl. Im vorliegenden Beispiel «segelt» ein weißer Schwan, gemächlich wie eine Galeere, am Schilf entlang.

MATERIALIEN

- 140 cm breiter, blauer Zählstoff, 71 Gewebefäden auf 10 cm (ZWEIGART DAVOSA 3770/507)
- Anchor Sticktwist, Farben: weiß; orange 304; türkis 187; grün 206, 238, 255; blau 117, 118, 119, 129, 133, 169; grau 401, 8581
- Gobelinnadel Größe 24
- dunkler Heftfaden
- passender Nähfaden und Reißverschluß
- Nähnadel und Stecknadeln
- Kissen
- Stick- oder Gobelinrahmen

DAS AUSMESSEN

Legen Sie fest, welche Größe der Kissenbezug haben soll – bedenken Sie dabei, daß das Material für das Vorder- und das Rückteil reichen muß. Addieren Sie zu allen vier Seiten des Vorderteils mindestens 10 cm dazu – das gibt Ihnen genug Spielraum, den Stoff im Stick- oder Gobelinrahmen einzuspannen. Am Rückteil des Kissenbezugs wird der Reißverschluß angebracht; dieses Rückteil wird aus zwei Stücken gefertigt. Geben Sie bei beiden Teilen an allen Seiten 7,5 cm Nahtzugabe hinzu.

STOFFBEARBEITUNG

Schneiden Sie das Vorderteil des Kissenbezugs (mit den Zugaben) aus, und markieren Sie die spätere Größe des Kissenbezugs mit Heftstichen. Arbeiten Sie hierbei vorsichtig und akkurat: Die Heftstiche müssen genau zwischen zwei Reihen von Gewebefäden verlaufen. Das Design ist so angelegt, daß nach dem Sticken des Motivs der unbestickte Stoff ringsherum wie ein Rahmen wirkt und so die plastische Wirkung des Bil-

AUF BLAUEM Handarbeits-zählstoff wirkt dieses Muster äußerst reizvoll, und durch die unbestickten Flächen wirkt das Bild besonders plastisch. Sie können auch ein zweites Kissen mit dem Gänsemuster auf Seite 116 besticken, das Sie wie das Schwa-nenbild mit Rückstichen rahmen.

117	
129	
169	
133	
187	
118	
119	
206	
238	
255	
8581	
401	
weiß	
304	
507 (Stoff)	

des verstärkt. Markieren Sie nun, ebenfalls mit Heftstichen, die tatsächlichen Maße der Stickarbeit. Daran anschließend werden die waagrechten und senkrechten Mittellinien mit Heftstichen gekennzeichnet.
Spannen Sie dann den Stoff in einen Rahmen ein
(Seite 19 und 20).

STICKANLEITUNG
....

1 Sticken Sie nun, beginnend in der Mitte, das
Schwanenmotiv. Arbeiten Sie hierbei in Kreuzstichen
(Seite 22) mit dreifädigem Sticktwist. Ein farbiges
Karo in der Zählvorlage ist immer ein Kreuzstich über
zwei waagrechte und zwei senkrechte Gewebefäden.
2 Im Anschluß daran sticken Sie rund um das quadratische Muster herum eine Reihe von Rückstichen
(Seite 22). Sticken Sie den Rückstich über zwei Gewebefäden mit zweifädigem Sticktwist.

3 Sticken Sie dann, beginnend an den Ecken des fertiggestellten Motivs, die Linien, die zu den vier Ecken
des Kissenbezugs führen. Arbeiten Sie die Stiche diagonal über je zwei waagrechte und zwei senkrechte
Gewebefäden. Sticken Sie die Linien jeweils etwa
2 cm über die Maße des Schwanenmotivs hinaus in
die Naht hinein.

NÄHEN DES KISSENS
....

1 Wenn Sie mit dem Sticken fertig sind, nehmen Sie
die Arbeit aus dem Rahmen. Nun wird die Stickerei
von der Rückseite gedämpft. Hierbei nicht zu fest
aufdrücken!
2 Schneiden Sie den Stoff so zurück, daß nur noch
ein Rand von etwa 2,5 cm Breite stehenbleibt. Nun
können Sie den Kissenbezug fertignähen. Orientieren
Sie sich an den Skizzen auf Seite 155.

KIRSCHEN
ZIERBAND

 Dieses herrliche Zierband mit den saftigen roten Kirschen ist ideal dazu geeignet, Regalböden zu schmücken. In einem derart verzierten Regal kommt nicht nur teures Porzellan richtig zur Geltung – auch Geschirr, das täglich in Gebrauch ist, findet hier einen schönen Platz.

MATERIALIEN

- 85 cm breites, weißes Aidagewebe, 43,5 Stiche auf 10 cm (ZWEIGART IDA 1007/1)
- schmale Spitze
- Anchor Sticktwist, Farben: rot 13, 20; grün 238, 923
- Gobelinnadel Größe 24
- dunkler Heftfaden
- passender Nähfaden
- Nähnadel und Stecknadeln
- Stick- oder Gobelinrahmen
- beidseitiges Klebeband

DAS AUSMESSEN

Messen Sie das Regal aus, und fügen Sie an den Enden des Bandes 3 cm Saumzugabe hinzu. Das Muster wird durchgehend auf einem Band gestickt. Der Stoff wird der Länge nach auf beiden Seiten nach hinten umgeschlagen. Das fertige Band ist 5 cm breit, daher brauchen Sie, inklusive Umschlagzugabe, 10 cm breiten Stoff. Multiplizieren Sie die Regallänge (plus Saumzugabe) mit der Anzahl der Regalböden, um die exakte Länge der benötigten Spitze zu berechnen.

STOFFBEARBEITUNG

Markieren Sie die Länge der einzeln benötigten Zierbänder mit Heftstichen, denken Sie dabei stets an die Umschlagzugabe. Markieren Sie den Stand des sich wiederholenden Kirschmusters mit Heftstichen, anschließend auch die Mitte des Bandes. Spannen Sie nun den Stoff in den Stick- oder Gobelinrahmen (Seite 19 und 20) ein.

STICKANLEITUNG

Sticken Sie auch dieses Muster von der Mitte aus nach außen. Die Kirschen und die Blätter werden in Kreuzstichen (Seite 22) mit dreifädigem Sticktwist gestickt. Ein farbiges Karo in der Zählvorlage ist immer ein Kreuzstich über ein Stichquadrat im Gewebe.

NÄHEN DES ZIERBANDES

1 Dämpfen Sie die fertige Stickerei von der Rückseite. Drücken Sie hierbei nicht zu fest auf! Schneiden Sie nach dem Dämpfen die Stücke auseinander.

2 Falten Sie den Stoff längs in der Mitte, und schlagen Sie dann die Schnittkanten nach hinten. Die Faltkanten müssen zwischen zwei Stichreihen des Gewebes liegen.

3 Stecken Sie die Kanten mit Nadeln zusammen, bevor Sie sie dann aneinanderheften. Nähen Sie anschließend mit der Maschine eine Reihe von Stichen rings um die Stoffkanten. Nähen Sie dann die Spitze (siehe auch Seite 152) von Hand an.

4 Dämpfen Sie die Bänder nochmals leicht nach, und kleben Sie sie nun an das Regal.

IDEEN FÜR VARIATIONEN

Sie können anstelle des Kirschmusters auch viele andere Designvorschläge dieses Buches zum Besticken eines Zierbandes verwenden. Ob Biene, Fliege, Kuh oder Erdbeere (Seite 112 und 113) – alle diese Motive würden auf einem Küchenregal sehr gut aussehen. Und das Schmetterlingsmuster auf den Seiten 106 und 107 käme in jedem Badezimmerregal bestens zur Geltung.

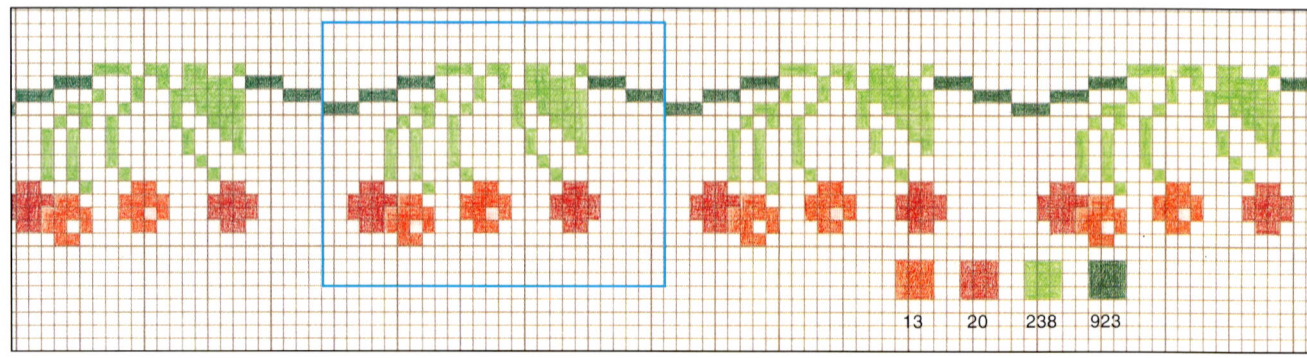

13   20   238   923

DAS KIRSCHMUSTER, gestickt in roten und grünen Farbtönen auf Aidazählstoff (43,5 Stiche auf 10 cm) sieht sehr gut aus. Fangen Sie immer in der Mitte der Bänder an, so daß die Enden alle gleich aussehen. Kleben Sie die Bänder auf den Regalen mit doppelseitigem Klebeband fest, dann sind sie leicht abnehmbar, wenn sie einmal gewaschen werden müssen.

SCHMETTERLING
HANDTÜCHER

Einfache Handtücher, verziert mit Schmetterlingen, bringen einen Hauch von Sommer ins Badezimmer.

MATERIALIEN

- 130 cm breites, cremefarbenes Aidagewebe, 70 Stiche auf 10 cm (ZWEIGART FEINAIDA 3793/264)
- cremefarbene Handtücher
- Anchor Sticktwist, Farben: rosa 40, 109; türkis 186; blau 131, 161, 170, 977; grün 206
- Gobelinnadel Größe 24
- Stickrahmen

DAS AUSMESSEN

Zu der Handtuchbreite geben Sie an allen Seiten 1,5 cm Saumzugabe hinzu.

STOFFBEARBEITUNG

Markieren Sie die Breite und Länge jedes Bandes mit Heftstichen, lassen Sie an den Enden Stoff zum Einspannen frei. Markieren Sie die Mitte jedes Bandes, und spannen Sie den Stoff in den Stickrahmen (Seite 19).

STICKANLEITUNG

Sticken Sie die Schmetterlinge, ausgehend von der Mitte des Bandes, in Kreuzstichen (Seite 22), die Konturen in Rückstichen (Seite 22) mit dreifädigem Sticktwist.

FERTIGSTELLEN DER HANDTÜCHER

Dämpfen Sie die Stickerei von der Rückseite. Schneiden Sie die Bänder auf die passende Größe, geben Sie etwa 2,5 cm Stoff hinzu. Schlagen Sie die Kante um, stecken Sie die Bänder ans Handtuch, und nähen Sie sie von Hand (Seite 152) an.

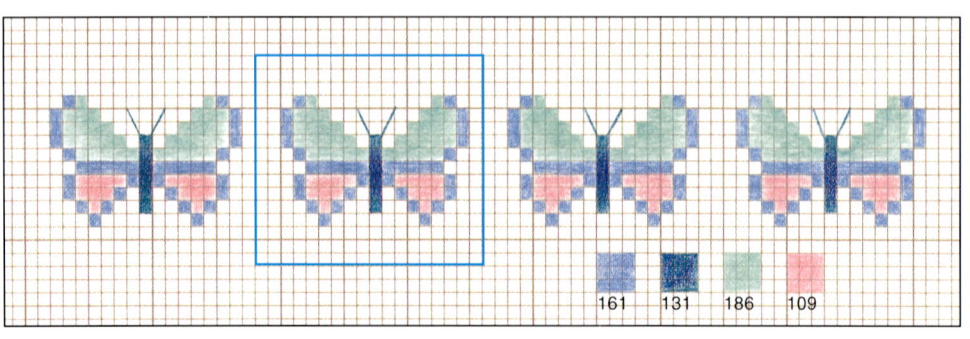

JEDES farbige Karo in der Zählvorlage ist immer ein Kreuzstich über zwei waagrechte und zwei senkrechte Stichquadrate im Aidagewebe. Die Linien sind Rückstiche über zwei Stichquadrate.

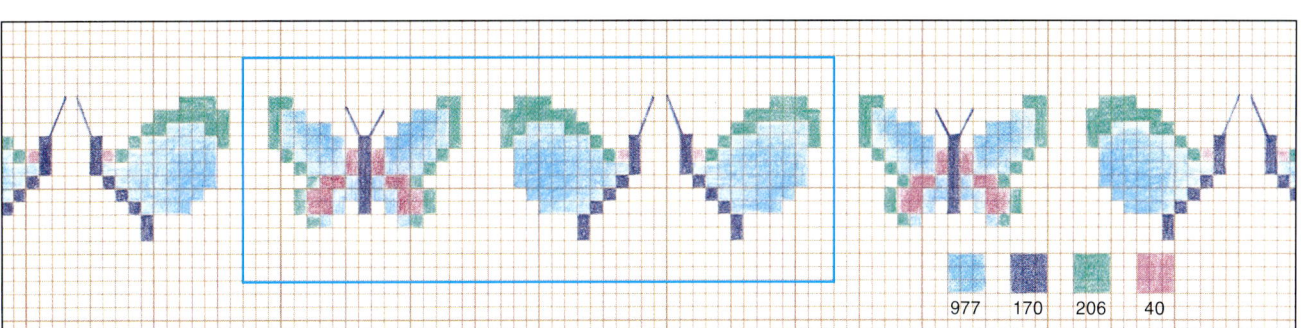

977	170	206	40

MUSCHEL
KOMMODENDECKE

Eine Kommodendecke bietet jeder polierten Oberfläche den idealen Schutz. Die auf der Decke angebrachte Stickerei kann ganz nach persönlichen Vorlieben aufwendig oder einfach gearbeitet sein. Im vorliegenden Beispiel sind zwei Muscheln – einmal in Rosa, einmal rostfarben – auf eine weiße Decke gestickt. Der Saum ist mit umschlungenen Rückstichen gesichert.

MATERIALIEN

- 85 cm breites, weißes Aidagewebe, 43,5 Stiche auf 10 cm (ZWEIGART IDA 1007/1)
- Anchor Sticktwist, Farben: rosa 25, 42; orange 323; hellbraun 326; hellrost 336, 337
- Gobelinnadel Größe 24
- dunkler Heftfaden
- Nähnadel und Stecknadeln
- Stickrahmen

DAS AUSMESSEN

Messen Sie als erstes Ihre Kommode aus; anschließend müssen Sie sich entscheiden, welche Größe die Decke haben soll. Geben Sie auf jeder Seite mindestens 10 cm Stoff hinzu – so haben Sie genügend Material zum Einspannen der Stickarbeit in den Stickrahmen. Markieren Sie die tatsächliche Größe der Decke mit Heftstichen.

STOFFBEARBEITUNG

Auf der Zählvorlage ist die Fläche des Muschelmusters 35 Karos breit und 35 Karos lang. Jedes farbige Karo in der Zählvorlage ist immer ein Kreuzstich über ein Stichquadrat im Gewebe. Bevor Sie anfangen zu sticken, markieren Sie mit Heftstichen den Stand (und auch die Größe) der Muscheln auf der Decke. Im vorliegenden Beispiel sind die Muster 8 cm von der Ecke entfernt. Selbstverständlich können Sie hier jederzeit variieren.

STICKANLEITUNG

1 Falten Sie die Decke in der Mitte zweimal, und markieren Sie sowohl die waagrechte als auch die senkrechte Mittellinie mit Heftfäden. Anschließend wird auch die Mitte der Zählvorlage (mit einem weichen Bleistift) markiert.

2 Spannen Sie den Stoff in den Stickrahmen (Seite 19). Sticken Sie, beginnend in der Mitte des Musters, in Kreuzstichen (Seite 22) mit dreifädigem Sticktwist. Jedes farbige Karo der Zählvorlage steht für je einen Kreuzstich über ein Stichquadrat im Gewebe.

NÄHEN DER DECKE

1 Nehmen Sie den Stoff aus dem Stickrahmen, und dämpfen Sie die fertige Stickerei von der Rückseite. Machen Sie das vorsichtig – also dabei nicht zu fest aufdrücken!

2 Schneiden Sie überstehenden Stoff ab, lassen Sie aber auf allen Seiten noch 2,5 cm Saumzugabe stehen.

42	25	337	323	336	326

3 Stecken Sie den doppelten Saum hoch (Seite 152), und heften Sie ihn anschließend. Achten Sie besonders darauf, daß auch die Ecken sauber gearbeitet werden. Arbeiten Sie sorgfältig – die Faltkante muß zwischen zwei Stichreihen des Gewebes liegen. Vergewissern Sie sich noch einmal, daß die beiden Muscheln gleich weit von den Ecken entfernt sind.

4 Sichern Sie den Saum – dicht an der Kante – mit einer Reihe von Rückstichen über zwei Stichquadrate mit dreifädigem Sticktwist, hellrosa. Umschlingen Sie ihn dunkelrosa (Seite 22). Zum Abschluß wird die Stickarbeit noch einmal gedämpft.

HIER sind zwei Muschelbilder, die sich genau gegenüberliegen. Genauso wirkungsvoll ist es, in jede Ecke eine Muschel zu plazieren und diese mit Rückstichen zu verbinden.

STICKEN Sie die Muscheln in Ihrer Lieblingsfarbe; die Konturen kommen am deutlichsten hervor, wenn sie in zwei unterschiedlichen Farbtönen gearbeitet werden.

FISCHE IM GLAS
KINDERZIMMERBILD

. . . .

Diese buntgestreiften Fische, die in einem Glas schwimmen, bringen Leben in jedes Kinderzimmer. Jungen und Mädchen finden gleichermaßen Freude an diesem fröhlichen Wandbild. Das Muster ist einfach und schnell zu sticken. Zur Anwendung kommen Kreuzstich, Halbstich und Rückstich. Weitere Muster zweier wunderschöner, exotischer Fische finden Sie auf der Seite 117.

MATERIALIEN

. . . .

- 85 cm breites, weißes Aidagewebe, 43,5 Stiche auf 10 cm (ZWEIGART IDA 1007/1)
- Anchor Sticktwist, Farben: rot 334; orange 314; gelb 297; grün 189, 225, 229, 268; sand 307; grau 401; blau 168
- Gobelinnadel Größe 24
- dunkler Heftfaden

- Stick- und Reißverstärkung
- Nähnadel
- Gobelinrahmen
- Fotokarton
- starker Faden oder feine Schnur

DAS AUSMESSEN

. . . .

Die gestickte Fläche ist ungefähr 12,5 x 18 cm groß. Geben Sie an jeder Seite mindestens 10 cm hinzu, so haben Sie genügend Material zum Einspannen der Stickarbeit in den Rahmen. Wenn Sie einen sehr großen Stickrahmen verwenden, kann es Ihnen – trotz Stoffzugabe an allen vier Seiten – passieren, daß Sie noch Stoff an den Rand annähen müssen.

STOFFBEARBEITUNG

. . . .

Schneiden Sie den Stoff aus, und markieren Sie die Größe des Wandbildes mit Heftstichen. Markieren Sie dann, ebenfalls mit Heftstichen, die waagrechte und senkrechte Mittellinie. Die Mitte der Zählvorlage wird mit einem weichen Bleistift gekennzeichnet. Span-

168	
334	
297	
314	
189	
401	
307	
229	
225	
268	

*UM DEM Bild eine individu-
elle Note zu geben, können Sie
den Namen Ihres Kindes dazu
sticken.*

*DIE KONTUREN, die grauen
Linien in der Zählvorlage, sind
in Rückstichen gearbeitet.*

stichen (Seite 22) in Grau, und zwar – wie den Kreuzstich – über ein Stichquadrat im Gewebe.

ABSCHLUSSARBEITEN
....

1 Wenn Sie mit dem Sticken fertig sind, entfernen
Sie zunächst die Reißverstärkung dicht entlang der
Stickerei. Nun wird die Stickerei von der Rückseite
gedämpft. Wie bei den anderen Motiven gilt auch bei
diesem Wandbild: Beim Dämpfen nicht zu fest aufdrücken!

2 Suchen Sie einen passenden Rahmen und gegebe-
nenfalls auch ein in Farbe und Form passendes Passepartout aus. Nähen Sie die Stickerei am Karton fest
(Seite 157). Benutzen Sie hierzu einen starken Faden
oder eine feine Schnur.

3 Lesen Sie den Ratschlag auf Seite 157, bevor Sie
einen Rahmen kaufen. Vor- und Nachteile der verschiedenen Rahmen sind dort erklärt.

nen Sie den Stoff in den Gobelinrahmen (Seite 20).
Wenn Sie noch Stickanfängerin sein sollten, ist es si-
cherlich hilfreich, an die Rückseite des Stoffes eine
Stick- und Reißverstärkung zu heften.

STICKANLEITUNG
....

1 Sticken Sie – von der Mitte nach außen – die Fische, die Wasserpflanzen und den sandigen Untergrund in dreifädigen Kreuzstichen (Seite 22).

2 Sticken Sie danach das Blau des Wassers in Halbstichen (Seite 22). Arbeiten Sie die Konturlinien der
Fische, die angegebenen Details (Augen und Mäuler)
sowie die Umrisse des Glases in zweifädigen Rück-

Bordüren mit Naturmotiven

Bordüren mit Naturmotiven

Bäume... und ein Hund

Katzen... und ein Hase

Skorpion, Vögel und Schmetterlinge

Meerestiere und Schmetterlinge

POMPEIAN N.º 3

KAPITEL SIEBEN

GEOMETRISCHE MUSTER

EINFÜHRUNG

Gestickte geometrische Muster wirken auf den Betrachter fast immer äußerst eindrucksvoll, aber ihre Wirkung hängt sehr davon ab, ob die Stiche während des Stickens gleichmäßig gearbeitet wurden. Die geometrischen Muster, die vornehmlich aus Rechtecken, Dreiecken und Kreisen sowie Geraden und Zickzacklinien zusammengesetzt sind, haben eine lange Tradition: Einige der frühesten dekorativen Details waren geometrischer Art, erinnert sei an typische griechische Ornamente, keltische Bordüren oder islamische und indianische Gittermotive.

Die Eckmotive der Tischdecke auf der Seite 125 sind durch den Art-deco-Stil beeinflußt, der während der zwanziger und dreißiger Jahre dieses Jahrhunderts in Europa und Amerika außerordentlich populär war. Art-deco-Entwürfe zeichnen sich durch stark stilisierende Muster, die zumeist durch «scharfkantige» Ecken begrenzt sind, aus. Bei der Farbwahl herrschen klare und helle Farben vor. Der Name «Art deco» stammt von einer Ausstellung in Paris im Jahre 1925 – der «Exposition Internationale des Arts Décoratifs et Industriels Modernes» –, die neue Designstile in die Öffentlichkeit brachte. Art-deco-Elemente wurden insbesondere von Malern, Bildhauern und Architekten angewendet – Bilder, Skulpturen, Wohnhäuser und industrielle Bauten legen Zeugnis über den Schaffensreichtum jener Zeit ab.

Die Tischdecke ist in Orange, Grün und Dunkelblau zu sticken. Selbstverständlich können Sie die Farben ändern, um sie mit den Farben Ihrer Wohnungseinrichtung in Einklang zu bringen; beachten sollten Sie aber, daß sich die für das Motiv ausgesuchten Farben stark vom Hintergrund abheben. Motive von Eckmustern bieten den unschätzbaren Vorteil, daß sie auf Tischdecken unterschiedlicher Größe verwendet werden können, ohne daß die Muster selbst verkleinert oder vergrößert werden müssen. Vor dem Sticken markiert man die Stellen auf dem Stoff, auf denen die Eckmuster angebracht werden. Beim Ausmessen ist darauf zu achten, daß alle Eckmuster gleich weit von den jeweiligen Stoffkanten entfernt sind – hier lohnt es sicher, vor Beginn der Stickarbeit die Abstände noch einmal zu überprüfen.

Ein einfacher glatter Vorhang mit einer gebogenen Oberkante hebt ein geometrisches Muster sehr gut hervor. Der weiße Vorhang auf Seite 133 ist mit zwei schmalen Reihen eines identischen Motivs bestickt, aber Sie können hier jederzeit variieren, beispielsweise ein anderes Motiv aus den Vorlagensammlungen von den Seiten 134 und 135 oder 170 und 171 verwenden oder auch zwei unterschiedliche Motive gemeinsam verarbeiten. Falls Sie sich für eine breite Bordüre entscheiden, sollten Sie diese nur einreihig sticken, am besten knapp oberhalb des Saums. Einen hochinteressanten Effekt erzielen Sie, wenn Sie – unregelmäßig verstreut – mehrere kleine geometrische Motive auf das untere Drittel des Vorhangs bringen oder einen Blumenstrauß (Seite 44) knapp unterhalb eines Bogens anbringen.

Die Vorlagensammlung (Seite 134 und 135) am Ende des Kapitels bietet viele geometrische Bordürenmuster und Eckmotive an, die statt der auf den Seiten 128 und 129 abgebildeten Designs zu einem wunderschönen Wandbild arrangiert werden können. Die quadratischen Motive auf den Seiten 136 und 137 eignen sich sehr gut dazu, Kissenbezüge zu besticken; diese können darüber hinaus mit dem einen oder anderen Bordürenmuster umrahmt werden.

Um die exakten Stellen für die einzelnen Stiche genau festlegen zu können, sollten Sie das Muster, das Sie sich zum Sticken ausgesucht haben, zuerst vollständig auf Millimeterpapier zeichnen. Bevor Sie dann mit dem Projekt anfangen, empfiehlt es sich, einige Stiche probeweise auf dem Stoff anzubringen, den Sie sich für Ihre Arbeit ausgesucht haben: So läßt sich am besten feststellen, wie die Farben der einzelnen Fäden mit der Farbe des Trägerstoffes harmonisieren. Falls Sie eine Bordüre gewählt haben, die kein Eckelement hat, können Sie sich mit einem kleinen Taschenspiegel behelfen (Seite 144).

Eine weitere, sehr schön wirkende Variante ist, ein quadratisches Motiv über die ganze Fläche eines Kissenbezuges zu sticken; hier kann man dann die Farben von Quadrat zu Quadrat wechseln oder die Quadrate abwechselnd in Hell- und Dunkeltönen sticken – heraus kommt ein Schachbrettmuster. Auf der Seite 136 sehen Sie zwei Quadrate nebeneinander, die zwar das gleiche Muster haben, bei denen aber die zu stickenden Flächen vertauscht wurden.

Die Kinderdecke (Seite 130 und 131) zeigt ein typisches amerikanisches Muster. Das Oberteil der Decke ist aus einem einzigen Stoffstück gemacht, das mit dem bunten Garn in gleich große Quadrate geteilt ist. Die Fäden halten gleichzeitig auch die Rückseite der Decke (samt Wattierung) zusammen. Die Quadrate sind mit ganzen Blöcken von Kreuzstichen bestickt, wobei die Blöcke, zu Kreuzen gruppiert, in einer Farbe gehalten sind; hier kann jederzeit variiert werden, indem man etwa jedes kleine Quadrat in einer anderen Farbe stickt oder aber für die komplette Decke nur eine Farbe zum Sticken wählt.

Die Nadelkissen auf der Seite 123 bieten das ideale Betätigungsfeld für alle, die gerade mit dem Sticken beginnen. Die einfachen Muster sind nicht nur schnell herzustellen, man benötigt auch nur einfarbiges Garn – wobei die im Beispiel gezeigte Reduzierung auf «Zweifarbigkeit» durchaus ihre Reize haben kann. Beim Herstellen der drei Nadelkissen kann man das Sticken nach Zählvorlage einüben, und die hierbei gewonnenen Erfahrungen helfen einem später, wenn man sich an die komplexeren Motive heranwagt.

Auch geometrische Flächenmuster lassen sich am besten im Stickrahmen sticken. Dadurch kann sich das Gewebe während des Arbeitens nicht verziehen, und Kett- und Schußfäden bleiben rechtwinklig. Während des Arbeitens sollten von Zeit zu Zeit die Stiche überprüft werden: Stimmen sie (noch) mit der Zählvorlage überein, oder müssen sie korrigiert werden? Am Ende jeder Arbeitsperiode wird auch hier wieder die Spannung des Rahmens gelockert und die begonnene Stickarbeit in Seidenpapier eingewickelt aufbewahrt.

Wer eine eigene Motiv- und Designsammlung von geometrischen Mustern anlegen will, wird wohl am ehesten in Kunst- und antiquarischen Büchern fündig werden. Geometrische Muster aus der Art-deco-Periode findet man, wenn man Ausschau hält nach Produkten von Clarice Cliff, Charlotte Rhead und Susie Cooper (Porzellan); E. McKnight Kauffer (Teppiche und Poster); Georg Jensen (Silber); Edgar Brandt (Schmiedeeisen und Bronze); Van Cleef und Arpels sowie Cartier und Boucheron (Schmuck).

FLÄCHENMUSTER
NADELKISSEN

....

 Ein Nadelkissen ist ein passendes Geschenk für alle, die sich gerne mit Handarbeiten beschäftigen. Das Schöne: Ein Stecknadelkissen ist schnell und einfach zu sticken, auch für Anfängerinnen. Wickeln Sie das fertige Kissen in Geschenkpapier ein, und legen Sie einige Stecknadeln, einen Fingerhut und vielleicht noch eine Schere als Beigabe dazu. Auf die Rückseite des Kissens können Sie Ihren Namen, den Namen des Beschenkten oder eine kurze Widmung sticken. Hierzu geeignete Buchstaben sind im vorliegenden Buch in genügender Anzahl zu finden. Übrigens: Sie können die auf dieser Doppelseite vorgestellten Motive auch zum Besticken von Kissenbezügen nutzen. Zum Nähen der Bezüge orientieren Sie sich an den auf Seite 155 gegebenen Anleitungen.

MATERIALIEN
....

- kleine Stücke blauen, roten und grünen Zählstoffes, 71 Gewebefäden auf 10 cm (ZWEIGART DAVOSA 3770, Farben: blau 533, rot 954, grün 630)
- Anchor Sticktwist, Farbe: weiß
- Gobelinnadel Größe 24
- heller Heftfaden
- passender Nähfaden
- Nähnadel und Stecknadeln
- Stricknadel
- Füllwatte
- Stickrahmen

DAS AUSMESSEN
....

Sie benötigen für jedes Nadelkissen zwei Stoffstücke, je eines für den vorderen und hinteren Teil. Die Kissen haben folgende Maße: das blaue 7 x 6 cm, das rote 10 x 9 cm und das grüne 8 x 8 cm. Fügen Sie an jeder Stoffkante nicht nur eine Nahtzugabe von 1,5 cm hinzu, sondern zusätzlich so viel Stoff, daß das Arbeitsstück in den Stickrahmen paßt.

STOFFBEARBEITUNG
....

Alle Nadelkissen haben ganzflächige Muster, auch sind alle in der gleichen Weise gearbeitet: Der Stoff wird in der Mitte zweimal gefaltet – nun können die waagrechte und die senkrechte Mittellinie mit Heftfäden markiert werden. Die Mitte der Zählvorlage wird

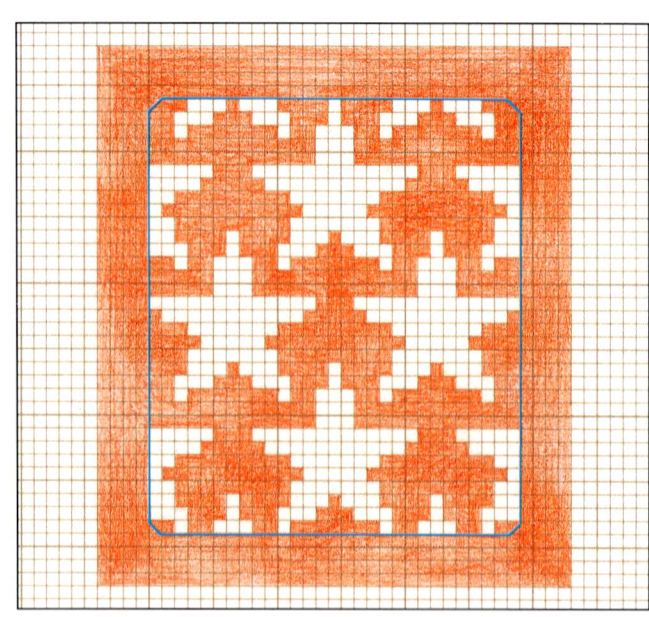

mit einem Bleistift gekennzeichnet. Spannen Sie den Stoff dann in den Stickrahmen (Seite 19).

STICKANLEITUNG
....

1 Sticken Sie die Muster von der Mitte aus in Kreuzstichen (Seite 22) mit dreifädigem Sticktwist. Jedes Karo in der Zählvorlage steht für einen Kreuzstich über zwei waagrechte und zwei senkrechte Gewebefäden.

2 Sticken Sie die Fläche, die in der Zählvorlage innerhalb der hellblauen Linien liegt. Danach arbeiten Sie die Konturen heraus, indem Sie eine Reihe von Rückstichen (Seite 22) ebenfalls dreifädig über zwei Gewebefäden sticken. Die Enden runden Sie mit einem diagonalen Rückstich über zwei Gewebefäden ab.

ZUSAMMENNÄHEN DER NADELKISSEN
....

1 Dämpfen Sie die fertige Stickerei von der Rückseite. Drücken Sie das Bügeleisen nicht zu fest auf! Schneiden Sie den Stoff der Vorderseite auf die benötigte Größe (plus 1,5 cm Saumzugabe an jeder Kante).

2 Stecken und heften Sie Vorder- und Rückseite «rechts auf rechts» zusammen. Nähen Sie die beiden Teile – bis auf ein kleines Loch zum Umstülpen – mit der Maschine zusammen.

3 Schneiden Sie die Ecken zurück (siehe Seite 155), und wenden Sie das Kissen auf die rechte Seite. Mit einer Stricknadel drücken Sie die vier Ecken nach außen.

4 Füllen Sie das Kissen mit der Füllwatte.

5 Schließen Sie das Kissen von Hand (Seite 152).

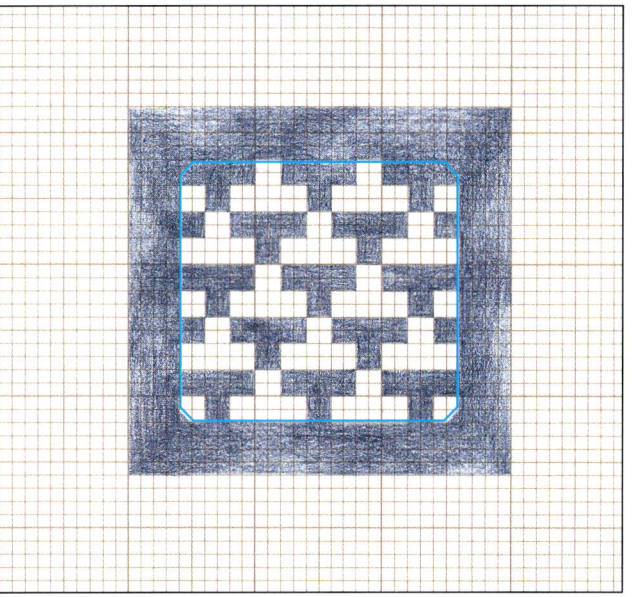

IN FRÜHEREN Zeiten waren Stecknadeln sehr teuer und schwer zu bekommen. Daher wurden Nadelkissen genäht und mit Sand gefüllt, um das «teure Gut» sicher und jederzeit wiederauffindbar aufbewahren zu können.

Gegen Ende des 20. Jahrhunderts wurden Nadelkissen mit gesticktem Muster häufig verschenkt, insbesondere zu Taufen. Die Kissen waren mit Nadeln verziert, mit denen der Name und das Geburtsdatum des Kindes gesteckt wurden.

ART DECO
TISCHDECKE UND SERVIETTEN

 Eckmotive im Art-deco-Stil der dreißiger Jahre verleihen jeder Tischdecke den Charakter etwas Einzigartigem. Ein komplettes Set erhält man, wenn ein Teil des Musters in die Ecke einer zur Tischdecke passenden Serviette gestickt wird. Mit kontrastierenden Farbkombinationen lassen sich besonders reizvolle Effekte erzielen.

MATERIALIEN

- 130 cm breites, weißes Aidagewebe, 70 Stiche auf 10 cm (ZWEIGART FEINAIDA 3793/1)
- Anchor Sticktwist, Farben: orange 314; blau 133; grün 229
- Gobelinnadel Größe 24
- dunkler Heftfaden
- passender Nähfaden
- Nähnadel und Stecknadeln
- Stick- und Gobelinrahmen

DAS AUSMESSEN

TISCHDECKE:

Das Eckmuster kann auf alle quadratischen und rechteckigen Tischdecken gearbeitet werden; bedenken Sie, daß die Webbreite des ausgewählten Stoffes das Ausmaß der Decke limitert. Um die Deckengröße exakt zu berechnen, müssen Sie zuerst die Größe des Tisches ausmessen. Entscheiden Sie, wie weit die Decke über die Kante hängen soll, und geben Sie das Maß dieses «Überhangs» auf allen Seiten der Decke hinzu. Anschließend werden allen vier Seiten noch 7 cm Saum zugegeben.

SERVIETTEN:

Sie sind normalerweise quadratisch, 30 x 30 cm oder (für ein festliches Abendessen) 60 x 60 cm groß. Eine Allzweckserviette mißt 38 x 38 cm. Eine Saumzugabe von 2 cm pro Seite eingerechnet, lassen sich aus einem 90 cm breiten und 130 cm langen Stoffstück sechs solcher Servietten ausschneiden.

ES WIRKT SEHR schön, wenn Sie ein großes Art-deco-Muster in jede Ecke der Tischdecke sticken und einen kleinen Teil des Musters auf die Servietten übertragen. Die Motivwiederholung – auch wenn sich dies nur auf einen kleinen Ausschnitt des Musters bezieht – sorgt für einen harmonischen Effekt.

Tischdecke

229	(grün)
314	(orange)
133	(blau)

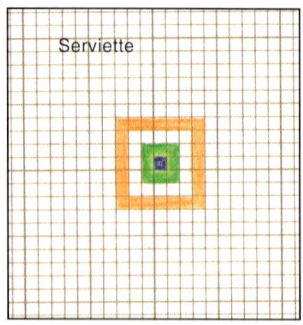

Serviette

IN BEIDEN Mustern ist ein farbiges Karo in der Zählvorlage ein Kreuzstich über zwei waagrechte und zwei senkrechte Stichquadrate im Aidagewebe. Sticken Sie mit dreifädigem Sticktwist.

STOFFBEARBEITUNG

TISCHDECKE:

Sticken Sie mit Heftstichen eine Hilfslinie um die Decke herum, die etwa 10 cm innerhalb der tatsächlichen Größe der Tischdecke verläuft (vergessen Sie dabei nicht, die Saumzugabe mit einzuberechnen). Das Motiv mißt 48 x 48 Karos. Jedes farbige Karo in der Zählvorlage ist immer ein Kreuzstich über zwei waagrechte und zwei senkrechte Stichquadrate im Gewebe. Markieren Sie also in jeder Ecke der Hilfslinie ein Quadrat von 96 x 96 Stichquadraten.

SERVIETTE:

Legen Sie die Position des Motivs fest, indem Sie ein Quadrat von 14 x 14 Stichquadraten in einer Ecke markieren. Der Abstand zu den Kanten sollte 6 cm betragen.

STICKANLEITUNG

TISCHDECKE:

1 Heften Sie in die Eckquadrate waagrechte und senkrechte Mittellinien. Kennzeichnen Sie die Mitte der Zählvorlage mit einem Bleistift. Spannen Sie den Stoff in den Rahmen (Seite 19).

2 Arbeiten Sie in Kreuzstichen (Seite 22) nach der Zählvorlage mit dreifädigem Sticktwist. Sticken Sie von der Mitte nach außen. Jedes farbige Karo in der Zählvorlage ist immer ein Kreuzstich über zwei waagrechte und zwei senkrechte Stichquadrate.

SERVIETTE:

Sticken Sie das kleine Serviettenmotiv in das markierte Quadrat.

TISCHDECKE UND SERVIETTEN NÄHEN

1 Dämpfen Sie die fertige Stickerei von der Rückseite. Drücken Sie dabei nicht zu fest auf!

2 Schlagen Sie 2 cm des Stoffes an den Schnittkanten nach hinten, falten Sie dann dieses vorbereitete Stück weitere 5 cm ein (Seite 152). Formen Sie vier Briefecken (Seite 153 oben). Die Faltkante muß zwischen zwei Reihen von Gewebefadengruppen liegen.

3 Stecken und heften Sie einen schmalen doppelten Saum um die Serviette herum. Nähen Sie den Decken- und Serviettensaum von Hand (Seite 152).

4 Sticken Sie eine dreifädige Rückstichreihe (Seite 22) über zwei oder drei Stichquadrate um die Decke und die Serviette, knapp entlang der Saumkante.

BORDÜREN
WANDBILD

....

 Ein Wandbild, auf dem «nur» einige Reihen geometrischer Muster abgebildet sind, wirkt auf den ersten Blick vielleicht etwas ungewöhnlich. Bei näherem Betrachten entpuppt sich eine solche Motivsammlung als ein belebendes Element, das einen Hauch von «Moderne» in jedes Haus bringt. Am Ende des Kapitels sind weitere Designvorschläge für Bordürenmuster aufgezeigt, hier lohnt es sich zu experimentieren. Wie wär's mit einer Kombination aus geometrischen und gegenständlichen Motiv-Bordüren?

MATERIALIEN

....

- 150 cm breites, weißes Aidagewebe, 54 Stiche auf 10 cm (ZWEIGART STERN-AIDA 3706/1) oder 140 cm breiter, grauer Zählstoff, 100 Gewebefäden auf 10 cm (ZWEIGART LUGANA 3835/713)
- Anchor Sticktwist, Farben: rosa 87; lavendel 96; malve 118, 119; türkis 186, 187; blau 129, 131, 979
- Gobelinnadel Größe 24
- dunkler Heftfaden
- passender Nähfaden
- Nähnadel
- Stick- und Reißverstärkung
- Bilderrahmen 40 x 50 cm
- ein Bogen farbiges Papier, 40 x 50 cm
- Gobelinrahmen

DAS AUSMESSEN

....

Die bestickte Fläche ist etwa 23 x 20 cm groß. Geben Sie auf allen Seiten 10 cm dazu – so ist sichergestellt, daß Sie den Stoff in den Rahmen spannen können.

STOFFBEARBEITUNG

....

Schneiden Sie den Stoff aus. Markieren Sie die Größe des Bildes – also die Maße, die es nach der Fertigstellung haben soll – mit Heftstichen. Die senkrechte Mittellinie mit Heftfäden markieren und auf die gleiche Weise die waagrechte Mittellinie kennzeichnen. Dann den Mittelpunkt der Zählvorlage mit einem Bleistift markieren. Den Stoff gleichmäßig in den Rahmen spannen (Seite 20). Anfängerinnen heften zuvor sicherheitshalber eine Stick- und Reißverstärkung auf die Rückseite – die Verstärkung verhindert ein Verziehen des Stoffes.

96	
186	
187	
87	
979	
118	
119	
131	
129	

BEVOR Sie anfangen zu sticken, drehen Sie das Buch um neunzig Grad. Nun haben Sie die Zählvorlage «stickgetreu» vor Augen. Vergleichen Sie die links abgebildete Zählvorlage mit dem Foto auf den Seiten 128 und 129.

STICKANLEITUNG

....

1 Beginnen Sie in der Mitte. Ein farbiges Karo in der Zählvorlage ist ein Kreuzstich (Seite 22) über zwei senkrechte und zwei waagrechte Stichquadrate im Aidagewebe oder je vier Gewebefäden im Zählstoff. Sticken Sie mit dreifädigem Sticktwist.

2 Arbeiten Sie exakt und sorgfältig nach der Zählvorlage. Es kann niemals schaden, von Zeit zu Zeit die Anzahl der Stiche zu überprüfen.

FERTIGUNG DES BILDES

....

1 Wenn Sie die Stickerei beendet haben, entfernen Sie die (eventuell benutzte) Verstärkung dicht am fertiggestellten Stickbild entlang. Die Stickerei wird nun von der Rückseite gedämpft. Drücken Sie beim Bügeln nicht zu fest auf!

2 Schneiden Sie den zusätzlichen Stoff ab. Am oberen Rand der Stickerei sollen rund 5 cm stehenbleiben, an den beiden Seiten jeweils etwa 4 cm, und am unteren Rand sollen ungefähr 7,5 cm «Überhang» bleiben. Die Schnittlinien müssen dabei jeweils zwischen zwei Reihen von Gewebefadengruppen beziehungsweise Gewebefäden liegen.

3 Mit Hilfe der Nadel fransen Sie nun die vier Seitenränder des Stickbildes aus. Die Fransenlänge soll zirka 6 mm betragen. Danach wird das Wandbild noch einmal leicht gedämpft.

4 Legen Sie nun das farbige Papier in den Rahmen, und befestigen Sie darauf das Stickbild. Dieses sollte in der Rahmenmitte plaziert werden.

5 Reinigen Sie das Glas, so daß keine Fingerabdrücke oder Staub mehr zu sehen sind. Legen Sie dann das Glas wieder auf. Ein Glasrahmen ist für Stickbilder geeignet, die flach sind und ohne plastische Effekte gearbeitet wurden.

WEITERE IDEEN

....

Die in diesem Buch gezeigte Auswahl an geometrischen Mustern kann auf vielerlei Arten genutzt werden. Jeder kann die einzelnen Motive individuell kombinieren – der Phantasie sind hierbei keine Grenzen gesetzt. Ob Sie an die Enden (und/oder Seiten) eines Läufers (Seite 52 und 53) eine schmale oder breite Bordüre sticken – diese Entscheidung ist Ihrem Geschmack und Ihrer Kreativität überlassen. Auch können Sie Hand- oder Badetücher mit einer selbstentworfenen Bordüre besticken – so erhalten all Ihre Wäschestücke eine ganz persönliche Note.

HIER SIND DIE Bordüren in den harmonischen Farbtönen Rosa, Malve, Türkis und Blau gehalten. Sie können auch kräftigere, hellere Grundfarben verwenden – das fertige Bild wird ausdrucksvoller und dynamischer wirken. Eine interessante Farbkombination ist auch Weiß, Hellgrau, Creme und Hellgelb auf schwarzem, dunkelblauem oder dunkelgrünem Hintergrund.

PATCHWORK
KINDERDECKE

....

 Sticken Sie ein Muster aus verschiedenfarbigen Blöcken auf die Kinderdecke. Die Gewebelagen sind mit verknoteten Fäden verbunden.

MATERIALIEN
....

- 150 cm breites, cremefarbenes Aidagewebe, 54 Stiche auf 10 cm (ZWEIGART STERN-AIDA 3706/264)
- Anchor Sticktwist, Farben: rosa 66, 31; lavendel 118; malve 96; gelb 305, 306; türkis 185; blau 161, 168; grün 203; creme 387
- Gobelinnadel Größe 24
- Wattierung mittlerer Stärke, Heftfaden
- Futter und Schrägband aus gemustertem Stoff
- Stick- oder Gobelinrahmen

STOFFBEARBEITUNG
....

Jeder farbige Musterblock hat die Größe von 11 x 11 cm. Zur Herstellung benötigen Sie zwei quadratische Stoffstücke, die ein Vielfaches des Musterblocks messen (zum Beispiel 55 x 55 cm), plus 10 cm Saumzugabe an jeder Seite. Jedes farbige Karo in der Zählvorlage ist immer ein Kreuzstich über zwei waagrechte und zwei senkrechte Stichquadrate im Gewebe. Sie finden die richtige Plazierung der einzelnen Blöcke (Größe: 30 x 30 Kreuzstiche), wenn Sie mit Heftstichen Quadrate über 60 x 60 Stichquadrate auf den Stoff bringen.

STICKANLEITUNG
....

Die Mitte jedes gehefteten Blocks markieren. Die Mitte der Zählvorlage mit Bleistift kennzeichnen. Den Stoff in einen Rahmen (Seite 19 und 20) spannen. In Kreuzstichen (Seite 22) mit dreifädigem Sticktwist arbeiten.

NÄHEN DER DECKE
....

1 Die Stickerei von der Rückseite dämpfen. Schneiden Sie den Stoff auf die fertige Größe (plus 2,5 cm) zu.

2 Die Wattierung zwischen den bestickten Stoff und die Rückwand legen. Die Schichten in mehreren Reihen zusammenheften. Mit zwei kleinen Stichen (sechsfädiger Sticktwist, creme 387) an jeder Motivecke durch alle Stofflagen nähen. Die Enden auf der rechten Seite verknoten und in gleicher Länge abschneiden.

3 Für die Umrandung wird der Futterstoff zu einem Schrägband verarbeitet (Seite 153). Arbeiten Sie die Ecken als Briefecken (Seite 153) aus.

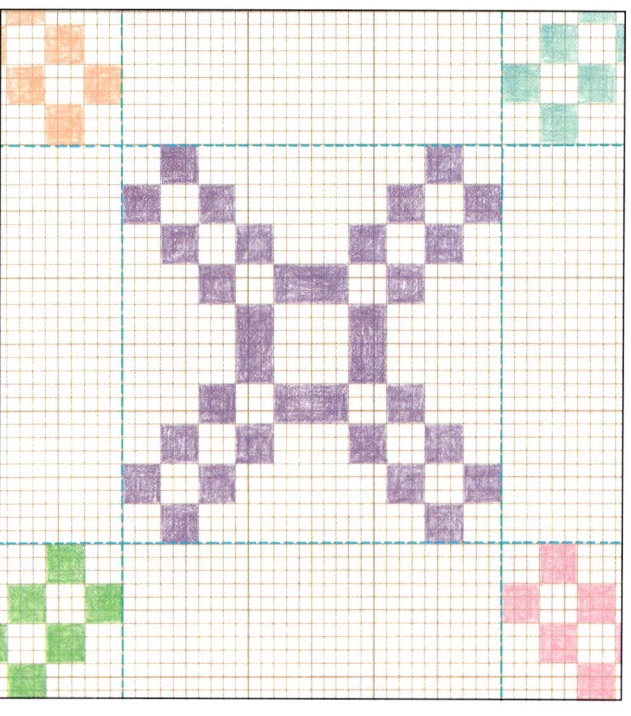

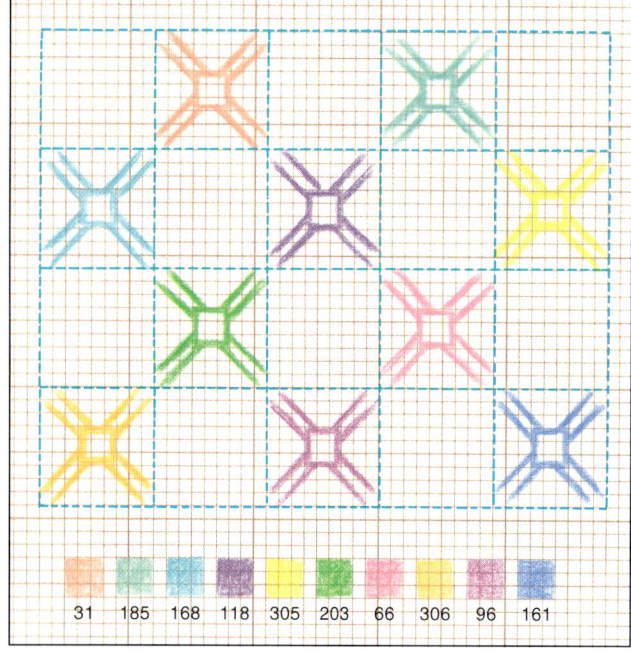

| 31 | 185 | 168 | 118 | 305 | 203 | 66 | 306 | 96 | 161 |

DIE DECKE kann auch länger oder kürzer gearbeitet werden. Ergänzen oder kürzen Sie dazu die Musterblöcke entsprechend. Wenn Sie ein anderes Muster benutzen möchten, sollten Sie es vor dem Sticken auf Millimeterpapier zeichnen. In der obenstehenden Zählvorlage ist dargestellt, wie die Motive mit Hilfe gehefteter Quadrate richtig plaziert werden.

BORDÜRE
BISTRO-GARDINE

. . . .

 Diese Gardine mit zarter Bordüre ist ein moderner Fensterschmuck. Sie verbannt nicht nur unschöne Ausblicke, sondern verleiht Ihrer Küche ein nostalgisches Ambiente. Der Fachhandel führt eine große Auswahl an dekorativen Gardinenstangen und Clips. Das Muster kann auch in jeder anderen Farbe gestickt werden – ganz nach dem eigenen Geschmack. Die obere Kante der Gardine ist bogenförmig verarbeitet.

MATERIALIEN
. . . .

- 130 cm breites, weißes Aidagewebe, 70 Stiche auf 10 cm (ZWEIGART FEINAIDA 3793/1)
- Anchor Sticktwist, Farbe: rot 19
- Gobelinnadel Größe 24
- dunkler Heftfaden
- passender Nähfaden
- Nähnadel und Stecknadeln
- Schnittmusterpapier
- Stickrahmen
- Messinggardinenstange und Zubehör

DAS AUSMESSEN
. . . .

Bistro-Gardinen benötigen weniger Stoff als geraffte Vorhänge. Ihre Breite entspricht der des jeweiligen Fensters, hinzu gerechnet werden nur je 2,5 cm Saumzugabe auf jeder Seite sowie etwa 5 cm Spielraum. Zur Höhe der Gardine – von der Fensterbank bis zur Gardinenstange – rechnen Sie 10 cm Stoffzugabe dazu. Für den oberen Besatz benötigen Sie noch eine 20 cm breite Stoffbahn, die 12 mm länger ist als die tatsächliche Breite der Gardine. Am Gardinenstoff geben Sie an allen Seiten noch 10 cm hinzu – so ist sichergestellt, daß der Stoff gut in den Rahmen gespannt werden kann.

STOFFBEARBEITUNG
. . . .

Markieren Sie die tatsächlichen Maße der Gardine mit Heftstichen. Kennzeichnen Sie die unteren Ränder der beiden Bordüren – sie sind 12,5 cm beziehungsweise 23 cm vom unteren Gardinenrand entfernt.

STICKANLEITUNG
. . . .

1 Markieren Sie die Mitte der Bordüren mit Heftstichen und die Mitte der Zählvorlage mit einem Bleistift.
2 Spannen Sie den Stoff in den Rahmen (Seite 19). Arbeiten Sie in Kreuzstichen (Seite 22) nach der Zählvorlage mit vierfädigem Sticktwist. Sticken Sie von der Mitte nach außen. Ein farbiges Karo in der Zählvorlage ist immer ein Kreuzstich über drei waagrechte und drei senkrechte Stichquadrate im Gewebe.

NÄHEN DER GARDINE
. . . .

1 Die fertige Stickerei von der Rückseite dämpfen.
2 Schneiden Sie an den Seiten den Stoff auf die tatsächliche Größe zurück, lassen Sie aber jeweils 2,5 cm Saumzugabe stehen.
3 Heften Sie an beiden Seiten den doppelten Saum (Seite 152). Die Faltkanten müssen zwischen zwei Reihen von Gewebefadengruppen liegen. Nähen Sie hier mit der Maschine, dicht an den Faltkanten.
4 Verarbeiten Sie die Bögen der oberen Kante nach der Anleitung auf Seite 156.
5 Hängen Sie nun die Gardine auf, um zu sehen, ob die Länge stimmt. Schlagen Sie 1,5 cm an der unteren Kante ein, dann nochmals 7,5 cm – so erhalten Sie einen breiten Saum. Stecken und heften Sie den Saum fest, bevor Sie ihn mit der Maschine nähen.

ARBEITEN Sie von der Mitte nach außen. Denken Sie daran, daß beide Bordüren in gleichem Abstand zu den Seitenrändern enden sollten.

BESTICKTE GARDINEN kommen an kleinen Fenstern sehr gut zur Geltung. Im vorliegenden Beispiel ist die Gardine mit Ringclips an der Stange befestigt.

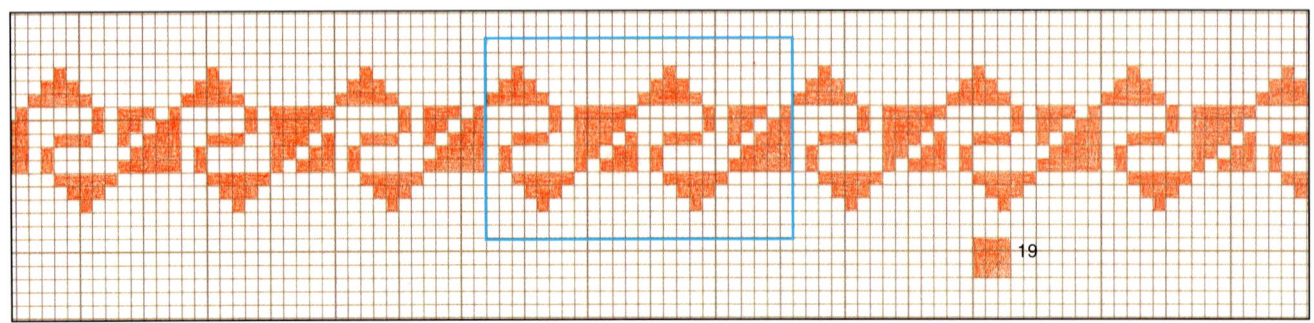

Bordüren und Ecken

Bordüren und Ecken

Geometrische Motive

Geometrische Motive

Geometrische Wiederholungsmuster

Geometrische Wiederholungsmuster

KAPITEL ACHT

KREATIVES STICKEN

VORBEREITUNGEN FÜR EINE EIGENE ZÄHLVORLAGE

Der Kreuzstich ist wahrscheinlich die populärste Sticktechnik, bei der nach Zählvorlage gearbeitet wird. Zu den Techniken, die man gezählte Stickerei nennt, gehören beispielsweise auch Petit point, Gobelin, Musterstopfen, Bargello (Florentiner Stich) und Hardanger Stickereien. Bei den Zählvorlagen für Kreuzstich sind die Muster auf kariertem Papier entweder durch farbige Karos oder durch Symbole dargestellt – jedes Karo steht für einen Stich. Gezählte Stickerei wird auf Handarbeitsstoffen gearbeitet, die sowohl längs als auch quer die gleiche Fadenzahl haben. Karo für Karo wird das Muster auf den Stoff übertragen, indem die Gewebefäden ausgezählt werden. Es ist empfehlenswert, von der Mitte des Musters nach außen zu arbeiten.

Für fortgeschrittene Stickerinnen bietet es sich an, Zählvorlagen nach eigenen Entwürfen zu erstellen. Die Vorlage dafür kann zum Beispiel eine Skizze oder ein Foto Ihres Hauses, Ihrer Familie, Ihres Haustiers oder eines besonders schönen Blumenstraußes sein – der Phantasie sind keine Grenzen gesetzt. Natürlich kann in allen Farben gestickt werden. Denken Sie aber auch daran, wo Sie überall Anregungen finden können: in Zeitschriften, Bilderbüchern, auf Geschenkpapier, Grußkarten und auf bedruckten Stoffen. Ist das Muster erst einmal zu Papier gebracht, findet sich immer etwas, das verändert werden kann. Auf diese Weise können Sie ohne großen Aufwand ein eigenes Muster entwickeln. Wenn das Muster zu klein ist, lassen Sie einfach eine vergrößerte Kopie machen. Sie können sich auch eine Sammelmappe anlegen, damit Ideen für originelle Muster nicht verlorengehen.

Eine sehr gebräuchliche Methode, um eigene Zählvorlagen zu entwerfen, ist das Abpausen eines Musters auf transparentes Papier. Dafür eignet sich durchsichtiges Millimeterpapier besonders gut. Dieses Papier, das Sie in den meisten Schreibwarengeschäften als Block oder als lose Blätter erhalten, ist sehr stabil. Es ist bereits mit einem feinen Millimetergitter bedruckt, wobei jede fünfte Linie etwas stärker ist, um das Zählen zu vereinfachen. Zum Abpausen brauchen Sie Filz- oder Buntstifte, Tipp-Ex und Tesafilm.

ERSTELLEN EINER ZÄHLVORLAGE

1 Legen Sie ein Stück des durchsichtigen Millimeterpapiers über das Bild, das Sie kopieren wollen, und befestigen Sie es sorgsam mit Tesafilm. Zeichnen Sie die Formen mit einem feinen schwarzen Filzstift Karo für Karo nach. Sie können bereits in diesem Stadium die Umrisse der einzelnen Flächen «glätten», indem Sie Karos hinzufügen oder auslassen, damit die Konturen nicht ausgefranst wirken.

2 Ist das Muster vollständig abgepaust, lassen Sie es als Ganzes auf sich wirken. Sie können nun Teile des Musters weglassen und einzelne Elemente verschieben oder austauschen. Entfallende Striche werden einfach mit Tipp-Ex gelöscht. Das so entstandene Muster wird anschließend noch einmal ins reine gezeichnet.

3 Wenn Sie mit dem Muster zufrieden sind, malen Sie die Karos mit Filz- oder Buntstiften aus. Für die Farben können Sie auch Symbole (zum Beispiel Kreuze, Quer- und Längsstriche, Punkte) einsetzen.

4 Abschließend legen Sie einen Farb- beziehungsweise Symbolschlüssel an einer freien Stelle Ihres Entwurfs an. Malen Sie je ein Karo mit einer der ausgewählten Farben aus, oder versehen Sie es mit einem Symbol. Wenn Sie sich bei den einzelnen Farben festgelegt haben, schreiben Sie am besten auch die Farbnummer des Stickgarns daneben.

5 Wenn Sie Ihr Arbeitsmaterial einkaufen, sollten Sie daran denken, Ihre Zählvorlage mitzunehmen, denn es kann gut sein, daß manche Farben geändert werden müssen, weil sie nicht vorrätig sind.

ÄNDERN FERTIGER MUSTER

Bestehende Zählvorlagen (aus diesem Buch) können Sie leicht abändern. Aus einzelnen Motiven kann man Bordüren oder ganzflächige Muster gestalten.

1 Zeichnen Sie das gewünschte Motiv mehrmals auf Millimeterpapier, und schneiden Sie die Motive einzeln aus. Legen Sie sie auf ein großes Stück Millimeterpapier, und stellen Sie sie so lange um, bis Sie mit dem Ergebnis zufrieden sind. Versuchen Sie, die Motive untereinander oder übereinander anzuordnen. Auf diese Weise erhalten Sie eine Bordüre aus einem sich wiederholenden Muster, das besonders reizvoll aussieht, wenn sich das vervielfältigte Motiv aus verschiedenen Elementen zusammensetzt.

2 Legen Sie die Bordüre in mehreren Reihen nebeneinander, und verschieben Sie jede zweite Reihe, bis die einzelnen Motive zwischen denen der Nachbarreihen liegen.

3 Das so entstandene Flächenmuster wird mit Tesafilm oder Papierkleber auf dem Untergrund fixiert. Achten Sie darauf, daß die Motive sowohl senkrecht als auch waagrecht exakt den gleichen Abstand zueinander aufweisen.

Dieses einfache Verfahren hat sich bewährt, um eigene Bordüren, Bilder oder Muster zu entwerfen. In ähnlicher Weise geht man vor, um die Abstände zwischen Buchstaben und Wörtern festzulegen. Sie können auch nur ein Element aus einem komplexen, bereits vorhandenen Muster auswählen und in der beschriebenen Weise verändern. Benutzen Sie einen Spiegel, um eine Bordürenecke zu entwerfen (siehe Abbildung Seite 144).

EXPERIMENTIEREN MIT UNTERSCHIEDLICHEN GEWEBEN

Wenn Sie mit dem Herstellen der Zählvorlage fertig sind, wählen Sie das passende Gewebe aus. Handarbeitszählstoffe werden in verschiedenen Dichten (in Faden- oder Stichzahl auf 10 cm) angeboten. Die Qualitäten variieren von fein bis grob. Zählen Sie zuerst die Karos längs und quer auf Ihrer Zählvorlage.

Anhand des folgenden Rechenbeispiels wird verdeutlicht, wie Sie die exakte Größe Ihrer Stikkerei berechnen können. Angenommen Ihr Muster ist 60 Karos breit und 80 Karos hoch, und Sie wollen ein Aidagewebe mit 40 Stichen auf 10 cm (= 4 Stiche je cm) besticken. Wenn ein Kreuzstich über ein Stichquadrat im Gewebe gestickt wird, ist die Stickfläche (60 : 4 =) 15 cm breit und (80 : 4 =) 20 cm hoch.

Falls Sie glatten Zählstoff verwenden und den Kreuzstich über zwei Gewebefäden sticken, be-

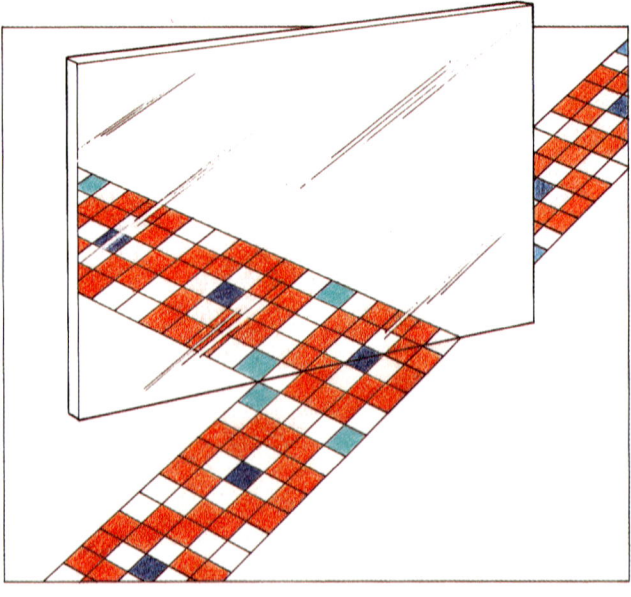

MIT EINEM SPIEGEL, den Sie im 45-Grad-Winkel auf die Bordüre setzen, können Sie eine passende Ecke entwerfen und auf die Zählvorlage übertragen.

Bevor Sie eine größere Stickerei beginnen, ist es ratsam, zuerst eine Probe zu sticken. Sie können dadurch testen, ob der Stoff, die Stichgröße und das Stickgarn richtig gewählt sind oder ob sie geändert werden müssen. Ein Probeentwurf von ungefähr 5 x 5 cm ist ausreichend, um sich festzulegen. Die Stickproben, die sich im Laufe der Zeit ansammeln, können Sie auf Karteikarten

kommen Sie die gleiche Stickfeldgröße bei einem Gewebe mit 8 Fäden je cm. Sticken Sie den Kreuzstich auf demselben Gewebe über vier Gewebefäden, wird die Stickfläche doppelt so groß. Die Rechenbasis lautet: Anzahl der Karos in der Zählvorlage dividiert durch die Anzahl der Kreuzstiche je Zentimeter im Gewebe ergibt die Größe der Stickerei.

Diese Verfahrensweise erlaubt es Ihnen, durch die Stoffwahl und durch die Anzahl der Gewebefäden pro Kreuzstich das Muster nach Belieben zu vergrößern oder zu verkleinern, ohne die Zählvorlage zu verändern.

ÄNDERN EINER ZÄHLVORLAGE

Durch die Verzerrung des Musters in die Länge oder in die Breite können Sie interessante Effekte erzielen (Seite 146). Dies ist bei Handarbeitszählstoffen, die regelmäßig gewebt sind, besonders leicht möglich – Sie dürfen sich nur nicht verzählen.

Wenn Sie zum Beispiel eine Zählvorlage mit einer langen, schlanken Blume haben, können Sie die Kreuzstiche über einen waagrechten Gewebefaden und zwei senkrechte Gewebefäden sticken – die Blume wird dadurch noch länger. Sticken Sie die gleiche Blume dagegen über drei waagrechte Gewebefäden und einen senkrechten Faden je Kreuzstich, wird die Blume deutlich breiter. Wenn Sie beide Möglichkeiten kombinieren, also die Fadenzahl beliebig verändern, erhalten Sie ein ungewöhnliches Bild.

(DIN A5) heften. Karteikarten lassen sich problemlos archivieren und bieten die Möglichkeit, Stoff, Garne, Farben und Besonderheiten zu notieren. Mit der Zeit erhalten Sie eine umfangreiche Mustersammlung, die Ihnen in Zweifelsfällen Entscheidungshilfe gibt und darüber hinaus Anregungen für neue Stickereien enthält.

Gelegentlich ist es sinnvoll, für ein Muster mehrere Proben zu sticken. Auf diese Weise können Sie die Farben unterschiedlich kombinieren und die Wirkung des Musters auf verschiedenen Handarbeitszählstoffen vergleichen. Sticken Sie das gleiche Muster in mehrfarbigen Kombinationen auf feines Leinen mit 100 Fäden auf 10 cm (DUBLIN 3604), auf Aidagewebe mit 54 Stichen auf 10 cm (STERN-AIDA 3706) und auf ein grobes Gewebe mit 32,5 Stichen auf 10 cm (AIDA 1006). Probieren Sie auch verschiedene Garne. Sie werden überrascht sein, wie unterschiedlich das Ergebnis ausfällt.

Manche Muster entfalten ihre Wirkung nur, wenn sie einfarbig – zum Beispiel Dunkelrot oder Dunkelblau auf cremefarbenem Stoff – gestickt werden. Andere blühen dagegen erst so richtig auf, wenn sie mehrfarbig gearbeitet sind. Geübte Stickerinnen haben meist ein gutes Gefühl für Farben und Struktur der Muster entwickelt. Im Zweifelsfall ist es aber auch für Fortgeschrittene vorteilhaft, auf eine umfangreiche Mustersammlung zurückgreifen zu können.

MODERNE LASERKOPIERER verfügen über eine Funktion – die sogenannte Pixel-Technik –, mit deren Hilfe ein Bild in Hunderte von kleinen Quadraten gerastert wird. Diese Technik vereinfacht die Übertragung eines Bildes auf die Zählvorlage. Um die Konturen stärker zu betonen, wird das Pixelbild auf der Zählvorlage noch vereinfacht.

FREIE STICKEREI

Bilder, Vorhänge oder Kissenbezüge aus bemaltem oder bedrucktem Stoff finden sich in fast jedem Haushalt. Die Muster auf den Stoffen können durch Stickereien reizvoll konturiert oder ergänzt werden. Da diese Stoffe aber nur selten eine klare, regelmäßige Gewebestruktur aufweisen, wird nicht nach einer Zählvorlage gearbeitet, sondern es werden alle Sticktechniken frei kombiniert.

Das Ergebnis einer freien Stickerei unterscheidet sich in seiner optischen Wirkung merklich von gezählten Stickereien. Sie können grundsätzlich alle Garne verwenden: Sticktwist, Wolle, feine Bänder und Lurexfäden. Sie sollten allerdings beachten, daß sich dicke Fäden und Bänder nur für grobe Stoffarten eignen.

Besonders plastische Effekte erzielen Sie, indem Sie Motive mit Kreuzstichen konturieren und die eingeschlossenen Flächen mit Knötchenstichen (Seite 23) füllen. Mit Seidenfäden gesticke Knötchenstiche verleihen dem Muster einen edlen Glanz. Mischen Sie die Seidenfäden mit Baumwollgarnen, durchziehen feine Schatten die bestickte Fläche und verstärken die Struktur des Musters. Je nach Motiv und Stoff bietet sich auch die Möglichkeit, zusätzlich zur Stickerei Glasperlen und Pailletten aufzunähen.

UMSETZEN UND STICKEN EINES FREIEN MUSTERS

1 Zeichnen oder pausen Sie ein Muster ab. Pausen Sie dann die Konturen des Musters auf ein Stück Pergamentpapier. Nun heften Sie das Papier mit Stecknadeln auf die rechte Seite des Stoffes und nähen Papier und Stoff entlang der Konturen mit Heftstichen zusammen. Mit einer Nadel reißen Sie das Pergamentpapier entlang der Stichlinien vorsichtig ein, dann kann das Papier abgenommen werden.

2 Sticken Sie innerhalb der Heftlinien die Flächen farbig aus. Sie brauchen dabei nicht auf eine gleichmäßige Stichgröße zu achten. Variieren Sie Stichgröße und -winkel, lassen Sie die Stiche überlappen, um die Fläche dichter erscheinen zu lassen, oder ziehen Sie die Stiche weit auseinander, um den Stoff durchscheinen zu lassen.

KREUZSTICHMUSTER AUF STRAMIN

Handarbeiten auf Stramin werden Straminstickerei oder Gobelintechnik genannt. Eine Sonderform ist Petit point: Hier werden sehr feine Gobelins mit Sticktwist gearbeitet. Straminarbeiten sind strapazierfähig, wenn das richtige Stickgarn benutzt wird. Sie werden deshalb bevorzugt für Stühle, Polster, Kissen-

EINE ERDBEERE
in sechs Variationen:

1 *Kreuzstich, längs –*
   ein Stichquadrat waagrecht,
   zwei Stichquadrate senkrecht

2 *Kreuzstich – eins waagrecht,*
   eins senkrecht

3 *Kreuzstich – zwei waagrecht*
   zwei senkrecht

4 *Halbstich*

5 *Kreuzstich, quer – zwei*
   waagrecht, eins senkrecht

6 *Rückstich*

bezüge und Handtaschen, aber auch für Bilder verwendet. Stramine haben – ebenso wie Handarbeitszählstoffe – regelmäßige Fadengitter, deren Dichte durch die Stichzahl auf 10 cm bestimmt wird. Stramin ist aus gestärkten Baumwollfäden gewebt, die normalerweise von der Stickerei ganzflächig verdeckt werden, also nach Fertigstellung der Stickerei nicht mehr zu sehen sind. Denn bei der Straminarbeit werden das Muster *und* der gesamte Hintergrund gestickt.

Kreuzstichmuster werden auch auf Stramin kästchenweise übertragen. Der Kreuzstich (Seite 22) ist die gebräuchlichste Technik, aber es werden auch viele anderen Straminstiche verwendet, um verschiedene Effekte zu erzielen: Reiskornstich, Vierecke im Flachstich, gekreuzte Vierecke im Flachstich, Schachbrettstich, Smyrna-Kreuzstich (Diamantstich), gekreuzter Kreuzstich, geflochtener Kreuzstich und doppelter Diamantstich (Seite 24 und 25).

In Handarbeitsgeschäften wird für Straminarbeiten eine große Auswahl an Garnen angeboten. Achten Sie beim Kauf darauf, daß das Garn zur Gewebedichte des Stramins passen muß – das Garn soll die Gitterfäden des Stramins vollständig bedecken. Stickgarne aus Wolle, wie Gobelinwolle oder Kelimwolle, sind in einer Vielzahl verschiedener Farben erhältlich. Weil sie

sehr strapazierfähig sind, werden sie insbesondere für Sitzpolster verwendet. Für etwas empfindlichere Straminarbeiten wie Bilder, Handtaschen und Nadelkissen sind Sticktwist und Perlgarn am besten geeignet.

Für Stickereien auf Stramin sind immer Rahmen erforderlich. Sie können einen verstellbaren Rahmen oder einen Spannrahmen (Seite 20) benutzen. Der Rahmen verhindert, daß sich die Stickerei zu sehr verzieht. Ein runder Stickrahmen ist für Straminarbeiten nicht geeignet. Wenn die Stickerei fertig ist, muß sie gespannt werden, um die Ungleichmäßigkeiten in der Stickerei und im Stramin wieder auszugleichen. Dazu brauchen Sie eine flache, kunststoffbeschichtete Holzplatte (2 cm stark und mindestens 10 cm länger und breiter als die Straminfläche), rostfreie Nägel, Hammer und Wasserzerstäuber oder Schwamm.

SPANNEN DER ARBEIT
....

1 Legen Sie die fertige Arbeit mit der rechten Seite nach oben auf die Holzplatte. Befeuchten Sie den Stramin mit dem Zerstäuber oder mit einem getränkten Schwamm, aber durchnässen Sie ihn nicht. Wenn der Stoff eine Webkante hat, schneiden Sie diese mehrmals ein, damit der Stramin gleichmäßig gespannt werden kann.

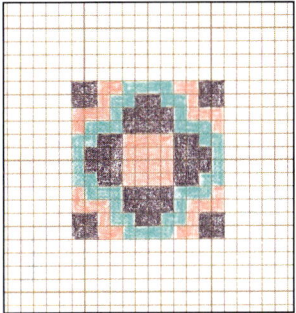

*DREI MÖGLICHKEITEN,
geometrische Muster zu sticken:
Kreuzstich auf Aidagewebe (kleines Muster, oben);
Schachbrettstich, Smyrna-Kreuzstich (Diamantstich), gekreuzter
Kreuzstich und geflochtener
Kreuzstich auf einfädigem Stramin (links);
doppelter Diamantstich auf einfädigem Stramin (rechts).*

2 Schlagen Sie einen Nagel in die Mitte des oberen unbestickten Randes. Spannen Sie den Stramin etwas. Achten Sie darauf, daß der Fadenlauf gerade ist, und schlagen Sie einen Nagel in die Mitte des unteren Randes. An den Seiten wird genauso verfahren. Prüfen Sie, ob die Kett- und Schußfäden rechtwinklig zueinander verlaufen.

3 Spannen Sie die Arbeit sorgfältig, und überprüfen Sie mit einem Lineal an mehreren Stellen die gleichmäßige Größe der Arbeit. Von der Mitte jeder Seite ausgehend, fixieren Sie nun den Stramin etwa alle 2,5 cm mit einem Nagel.

4 Feuchten Sie den Stoff noch einmal an, und lassen Sie ihn trocknen (aber nicht in der Sonne!). Die Trocknungszeit beträgt – je nach Garnsorte – bis zu einer Woche.

STRICKEN EINES KREUZSTICHMUSTERS
....

Kleine Kreuzstichmuster, besonders Bordüren und Flächenmuster, können auch gestrickt werden. Die Verfahrensweise ist die gleiche wie beim Stricken von Shetlandmustern. Achten Sie darauf, daß der nicht in Arbeit befindliche Faden locker mitgeführt werden muß. Bei größeren Motiven sollte der mitlaufende Faden zwischendurch immer wieder mit dem in Arbeit

befindlichen Faden umschlungen werden. Auch wenn Sie von einem Motiv oder Muster zum nächsten wechseln und die Farbe ändern, müssen die Fäden miteinander verschlungen werden. Numerieren Sie die Reihen der Kreuzstich-Zählvorlage an der rechten Seite von unten nach oben. Zählen Sie die einzelnen Reihen der Vorderseite von rechts nach links und die Reihen der Rückseite von links nach rechts.

HÄKELN MIT EINER KREUZSTICH-ZÄHLVORLAGE
....

Auch Häkelarbeiten werden auf der Grundlage eines gleichmäßigen Rasters beziehungsweise Gitters durchgeführt. Gehäkelt wird in Luftmaschen, festen Maschen und Stäbchen. Das Gitter dient als Grundlage für ein Muster, das sich aus gehäkelten Flächen und umhäkelten Löchern zusammensetzt.

Häkelmuster können luftig wie Spitzen, aber auch schwer und flächig gearbeitet sein. Die Beschaffenheit der Häkelarbeit ist abhängig von der Wahl der Häkelnadel und des Garns. Feine, glänzende Baumwolle oder Kunstfasergarne ergeben eine filigranere Struktur als dicke Strickwolle. Auch beim Häkeln größerer Muster ist es ratsam, eine Probe anzufertigen, um die Wirkung von Farbe, Garn und Nadelstärke zu testen.

ANWENDUNG DER ZÄHLVORLAGE

Zählvorlagen für Häkelarbeiten zeigen die rechte Seite der Arbeit. Sie arbeiten von unten nach oben, wobei die ungerade Reihe von rechts nach links und die gerade Reihe von links nach rechts gezählt wird. Jedes offene Karo in der Zählvorlage bedeutet ein Loch. Sie häkeln ein solches Loch, indem zwei Stäbchen mit zwei Luftmaschen verbunden werden. Für jedes farbige Karo in der Zählvorlage häkeln Sie einen Block aus vier Stäbchen, für jedes weitere sich anschließende Karo zusätzlich drei Stäbchen. Für drei Karos in Folge werden also 10 Stäbchen gehäkelt.

Wählen Sie sich einfach eine Zählvorlage aus diesem Buch, und übertragen Sie sie Karo für Karo auf Millimeterpapier. Beim ersten Versuch sollten Sie sich ein einfaches Muster vornehmen, vielleicht einen Buchstaben oder eine Blume.

HÄKELN

1 Häkeln Sie die erste Reihe mit der gewünschten Zahl von Luftmaschen. Die Zahl der Luftmaschen erhalten Sie, indem Sie die Zahl der Karos in der ersten Reihe der Zählvorlage mit 3 multiplizieren und 1 hinzuaddieren. Beispiel: 15 Karos ergeben 15 x 3 + 1 = 46 Luftmaschen.

2 Für das erste Karo addieren Sie zwei Luftmaschen hinzu, häkeln das erste halbe Stäbchen in die vierte Luftmasche und je ein halbes Stäbchen in die nächsten beiden Luftmaschen. Falls das erste Karo ein Loch (leeres Karo) ist, addieren Sie vier Luftmaschen hinzu und häkeln das erste halbe Stäbchen in die achte Luftmasche. Arbeiten Sie von rechts nach links.

DEKORATIVE RÄNDER

Aufwendige Stickereien kommen durch einen Rand erst richtig zur Geltung. Es gibt mehrere Möglichkeiten, einen dekorativen Rand zu sticken oder zu häkeln.

Für gestickte Ränder gilt: Stecken Sie zunächst den Saum, und heften Sie ihn sorgfältig. Vernähen Sie ihn mit einer Reihe von Vorstichen oder Rückstichen (Seite 22) mit passender oder kontrastierender Farbe. Der umschlungene Rückstich (Seite 22) bewirkt eine dickere Linie, die sich noch stärker abhebt und wie eine dünne Schnur aussieht. Die Linie sieht zweifarbig gestickt besonders reizvoll aus. Nähen Sie den Saum von Hand (Seite 152), und sticken Sie entlang des Saumes ein oder zwei Reihen wechselseitiger Kreuzstiche (Seite 23) oder eine schmale Bordüre aus einer der Vorlagensammlungen in diesem Buch.

Besonders hübsch sieht auch eine gehäkelte Spitzenborte aus, die an den Tischdeckenrand genäht ist. Solche Borten sind in verschiedenen Größen und Farben erhältlich. Sie können sie aber auch selbst häkeln. Verwenden Sie ein feines Häkelgarn aus Baumwolle und eine dünne Häkelnadel. Reine Baumwolle können Sie auch selber färben (Seite 149).

HÄKELN EINER SPITZENBORTE

Abkürzungen: M = Masche, Km = Kettenmasche, Lftm = Luftmasche, fM = feste Masche, hStb = halbes Stäbchen.

Häkeln Sie eine Reihe Lftm. Die Reihe muß eine durch drei teilbare Zahl ergeben, zu der noch eins addiert wird (Beispiel: 156 + 1 = 157).
2 Lftm; wenden.

1. REIHE: 1 hStb in die vierte Lftm, 1 hStb in jede Lftm bis zum Reihenende; wenden.

2. REIHE: ▶ 3 Lftm, 2 M übergehen, 1 fM in das folgende hStb ◀; von ▶ bis ◀ wiederholen bis zum Ende; wenden.

3. REIHE: Km in den ersten Lftm-Bogen; ▶ 6 Lftm, 1 Km in die 4. Lftm, 2 Lftm, 1 fM in den folgenden Bogen ◀; von ▶ bis ◀ wiederholen bis zum Ende. Schließen Sie mit 1 Km ab.

GEZAHNTER RAND

Häkeln Sie eine Reihe Lftm. Die Reihe muß eine durch vier teilbare Zahl ergeben, zu der noch eins addiert wird (Beispiel: 124 + 1 = 125).
2 Lftm; wenden.

1. REIHE: 1 hStb in die vierte Lftm, 1 hStb in jede Lftm bis zum Reihenende; wenden.

2. REIHE: 3 Lftm, 3 hStb in das erste hStb; ▶ 3 M übergehen, 1 fM in das folgende hStb, 3 Lftm, 3 hStb ins hStb ◀; von ▶ bis ◀ wiederholen bis zum Ende.
Schließen Sie ab mit: 3 hStb übergehen, 1 fM in den Wendebogen, 1 Km.

Stärken und bügeln Sie den Rand vorsichtig, und nähen Sie ihn mit Stoßnaht-Vorstichen (Seite 152) an den Saumfalz.

STOFF FÄRBEN UND BEMALEN

Mit gefärbtem Stoff können Sie für Ihre Stickerei – besonders für ein Bild – einen idealen Hintergrund schaffen. Weißer und cremefarbener Stoff ist leicht zu färben. Benutzen Sie einen großen, alten Topf oder Metalleimer und folgen Sie den Anleitungen des Farb-

EINFACHE STICKMUSTER-VORLAGEN können auch als Vorlage für andere Handarbeiten benutzt werden. Mit Arbeiten, die nach derselben Zählvorlage (oben) gehäkelt, gestickt und gestrickt (links) werden, lassen sich sehr unterschiedliche Ergebnisse erzielen.

herstellers. Spülen Sie die überschüssige Farbe aus dem Gewebe, und trocknen Sie den Stoff (aber nicht in der Sonne!). Baumwolle und Wolle nehmen die Farbe gut an. Je höher der Anteil an Synthetikfasern im Stoff ist, desto blasser ist das Farbergebnis.

Für den Hintergrund der freien Sticktechniken (Seite 145) können Sie gemusterten oder einfarbigen Stoff selbst einfärben. Wenn Sie beispielsweise einen großgemusterten Stoff mit dunkler Farbe einfärben, ergeben sich oftmals dezente Schattierungen, die als Hintergrund für ein Landschaftsbild geradezu ideal sind. Gleichzeitig mit dem Stoff können Sie auch das Garn färben. Binden Sie das Garn locker zusammen, und tauchen Sie es vorsichtig in den Farbbehälter.

Manche Farben werden auf große Flächen aufgepinselt oder aufgesprüht. Spezielle Farben aus der Tube werden auch wie Zuckerguß auf einen Kuchen aufgetragen. Alle Farben – sogar goldene, silberne und metallische Töne – sind in einer großen Auswahl erhältlich. Bevor Sie jedoch mit dem Färben beginnen, müssen Sie zuerst den Stoff waschen, um die Ausrüstung aus dem Gewebe zu entfernen. Achten Sie beim Kauf des Farbstoffes auch darauf, daß manche Farbstoffe nur für natürliche, andere wiederum nur für synthetische Stoffe geeignet sind.

FARBARBEITEN MIT DEM PINSEL

1 Arbeiten Sie auf einer ebenen Fläche, die mehrfach mit Zeitungen ausgelegt ist. Fixieren Sie den Stoff mit Klebeband. Sie können auch mit einem Rahmen arbeiten (Seite 19 und 20).

2 Schütteln oder rühren Sie den Farbstoff, damit die Farbpigmente gut verteilt werden. Arbeiten Sie bei flüssigen Farben direkt aus dem Behälter.

3 Färben Sie in mehreren Arbeitsschritten. Geben Sie jedem Farbauftrag genügend Zeit zum Trocknen, bevor Sie weiterarbeiten. Reinigen Sie Ihre Pinsel gründlich, wenn Sie die Farbe wechseln.

4 Sie können die Farben auch mischen. Wenn Sie Weiß mit hellen Farben mischen, erhalten Sie zum Beispiel Pastelltöne. Verdünnen Sie die Farben nicht zu stark mit Wasser, weil sie sonst nicht mehr ausreichend decken.

5 Zum Gestalten von Linien und Konturen sind Farben aus der Tube besonders geeignet.

6 Mit Malkreiden erzielen Sie reizvolle Effekte. Die einzelnen Farben werden durch Strichkombinationen auf dem Stoff gemischt.

7 Fixieren Sie abschließend die Farben nach Anleitung des Farbherstellers, damit sie im Stoff haften bleiben. Nun können Sie mit der Stickerei beginnen.

KAPITEL NEUN

NÄH-
ANLEITUNGEN

NÄHSTICHE

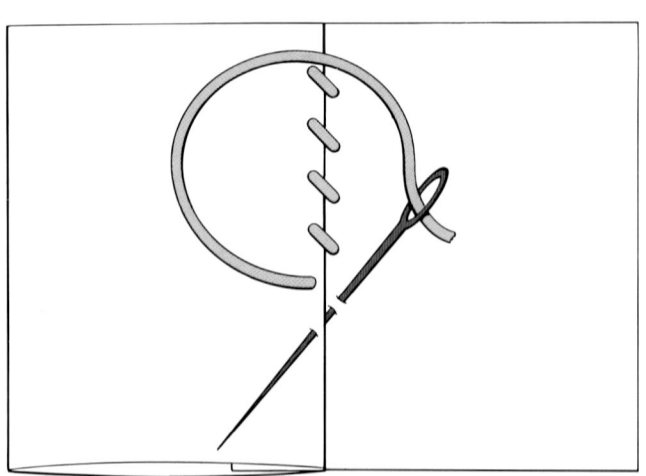 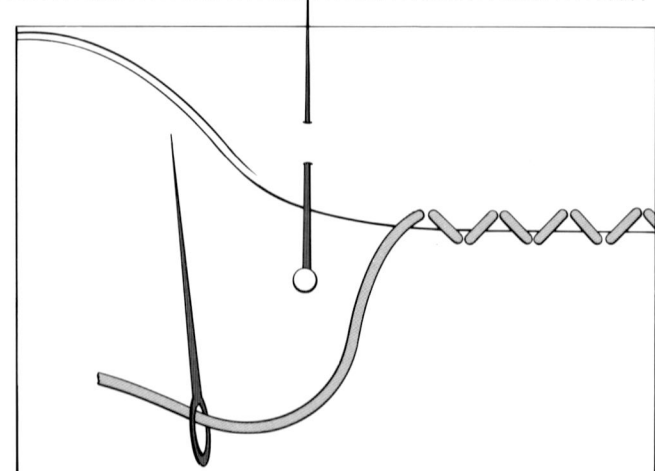

SAUMSTICH: Vernähen Sie das Fadenende innerhalb des umgeschlagenen Saumes mit einigen Stichen. Nähen Sie mit kleinen, schrägen Stichen den Stoff und den umgeschlagenen Saum zusammen (Skizze oben). Nehmen Sie pro Stich nur ein oder zwei Gewebefäden des Stoffes auf, und achten Sie auf gleichmäßige Abstände zwischen den Stichen.

STOSSNAHT-VORSTICH: Benutzen Sie diesen Vorstich, um Schrägbänder zu befestigen oder um zwei Stoffseiten zusammenzunähen. Vernähen Sie das Fadenende innerhalb der umgeschlagenen Kante. Stechen Sie die Nadel durch den Falz nach außen. Nehmen Sie einige Fäden des Stoffes und des Schrägbandes auf, und ziehen Sie den Faden behutsam zusammen. Bei der Verbindung von zweierlei Stoffen stechen Sie von Falz zu Falz.

SAUM UMNÄHEN

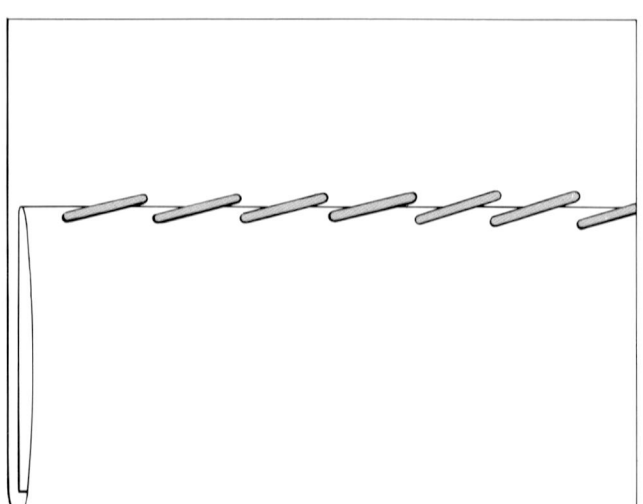 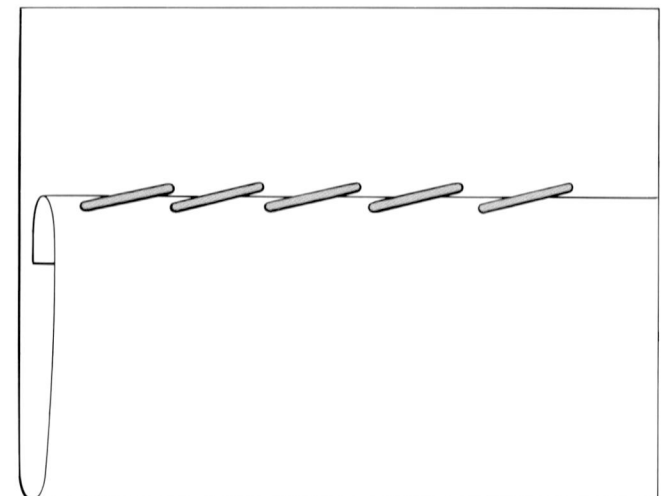

DOPPELTER SAUM: Wenn Sie mit feinem Stoff arbeiten und eine feste Kante brauchen (zum Beispiel bei Servietten), empfiehlt sich ein schmaler doppelter Saum. Die Saumzugabe wird zur Hälfte eingeschlagen, gebügelt und nochmals gleich breit eingeschlagen. Achten Sie darauf, daß die Ecken sorgfältig gelegt sind. Stecken, heften und befestigen Sie den Saum mit Saumstichen oder mit der Nähmaschine.

EINFACHER SAUM: Dieser Saum ist für mittlere und schwere Stoffe geeignet. Zunächst wird die ganze Saumzugabe umgeschlagen und gebügelt. Dann werden noch einmal etwa sechs Millimeter ab Schnittkante nach innen geschlagen und ebenfalls gebügelt. Stecken und heften Sie den Saum, und befestigen Sie ihn mit Saumstichen oder mit der Nähmaschine.

ECKEN NÄHEN

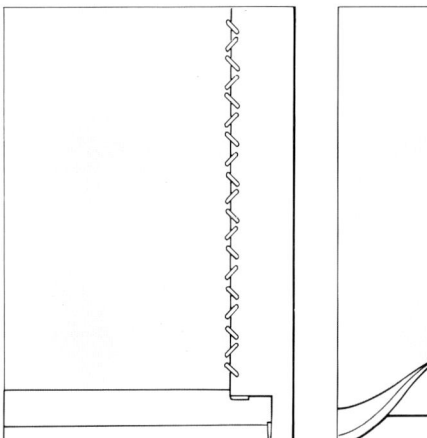
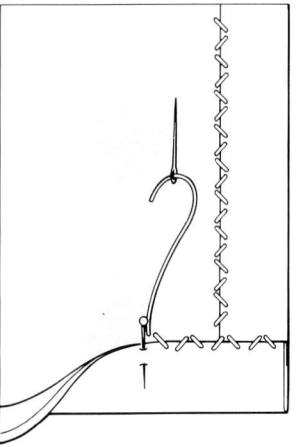
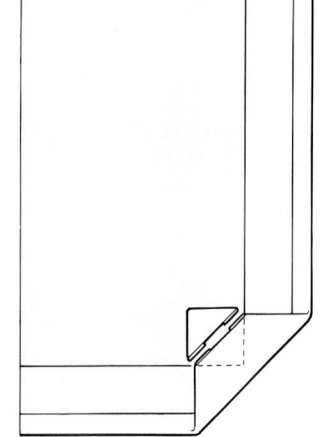
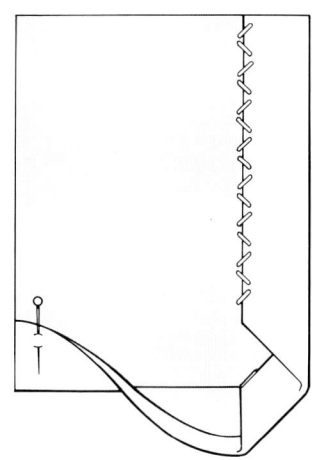

GERADE ECKEN: Schneiden Sie den überschüssigen Stoff ab, damit die Ecke nicht zu wulstig wird.

1 Schlagen Sie auf allen vier Seiten den Saum ein, und bügeln Sie ihn. Beginnen Sie mit dem ersten Stich (siehe Seite 152) etwa fünf Zentimeter vom Rand entfernt. Schneiden Sie ein Quadrat aus der Ecke heraus (Skizze oben).

2 Nähen Sie die Ecke zusammen mit der nächsten Saumseite, und verfahren Sie ebenso mit den anderen drei Ecken.

BRIEFECKE: Für breite Säume.

1 Schlagen Sie den Saum um, und bügeln Sie ihn. Falten Sie die Ecke diagonal zum Faltenkreuz des Saumes, und schneiden Sie die Ecke ab (Skizze oben).

2 Schlagen Sie eine Seite des Saumes um, und bügeln Sie ihn. Schlagen Sie die zweite Seite um, und bügeln Sie die Ecke. Nähen Sie die Ecken und den Saum mit kleinen Stoßnaht-Vorstichen (Seite 152), und säumen Sie die vier Seiten.

SCHRÄGBÄNDER NÄHEN

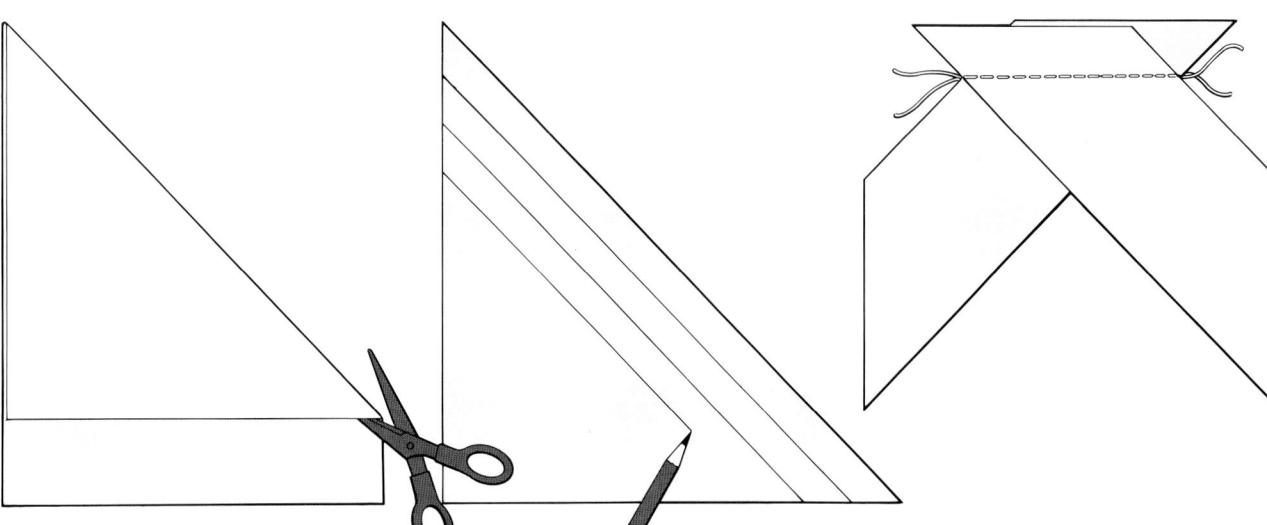

Sie können Schrägbänder kaufen oder eigene aus passendem oder kontrastierendem Stoff schneiden.

1 Breiten Sie den Stoff aus. Legen Sie eine rechtwinklig geschnittene Kante über Eck auf die Webkante, und schneiden Sie im diagonalen Falz (Skizze links).

2 Legen Sie die Breite des Schrägbandes fest, und geben Sie beidseitig sechs Millimeter pro Kante für den Umschlag

zu. Zeichnen Sie die Linien parallel zur Schnittkante auf den Stoff (Skizze Mitte), und schneiden Sie die Streifen zu.

3 Legen Sie zwei Streifen mit den rechten Seiten aufeinander, und steppen Sie mit sechs Millimeter Nahtzugabe (Skizze rechts). Öffnen Sie den Streifen, und bügeln Sie ihn flach. Die überstehenden Dreiecke abschneiden. Die Längskanten sechs Millimeter breit auf die linke Seite einschlagen und bügeln.

EINFASSEN MIT SCHRÄGSTREIFEN
. . . .

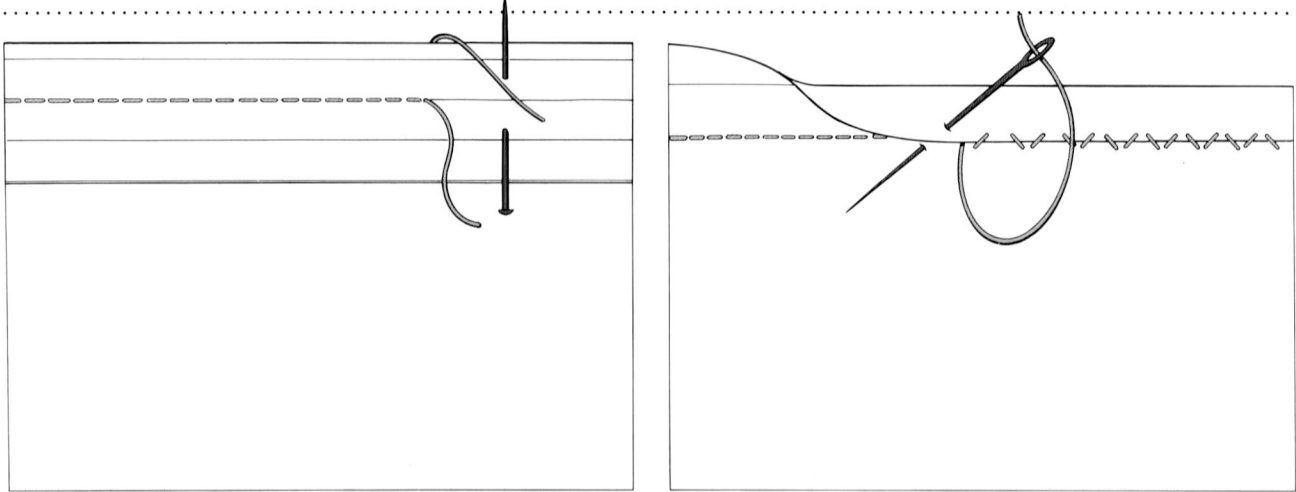

1   Legen Sie die rechte Seite des Schrägbandes auf die rechte Seite des Stoffes, der eingefaßt wird. Die beiden Schnittkanten müssen miteinander abschließen. Steppen Sie mit der Nähmaschine im Falz des Schrägbandes.

2   Führen Sie das Schrägband über die Schnittkante des Stoffes auf die andere Seite, und schlagen Sie die Kante des Schrägbandes ein. Säumen Sie den Schrägstreifen mit Vorstichen (Seite 152) entlang der Nahtlinie.

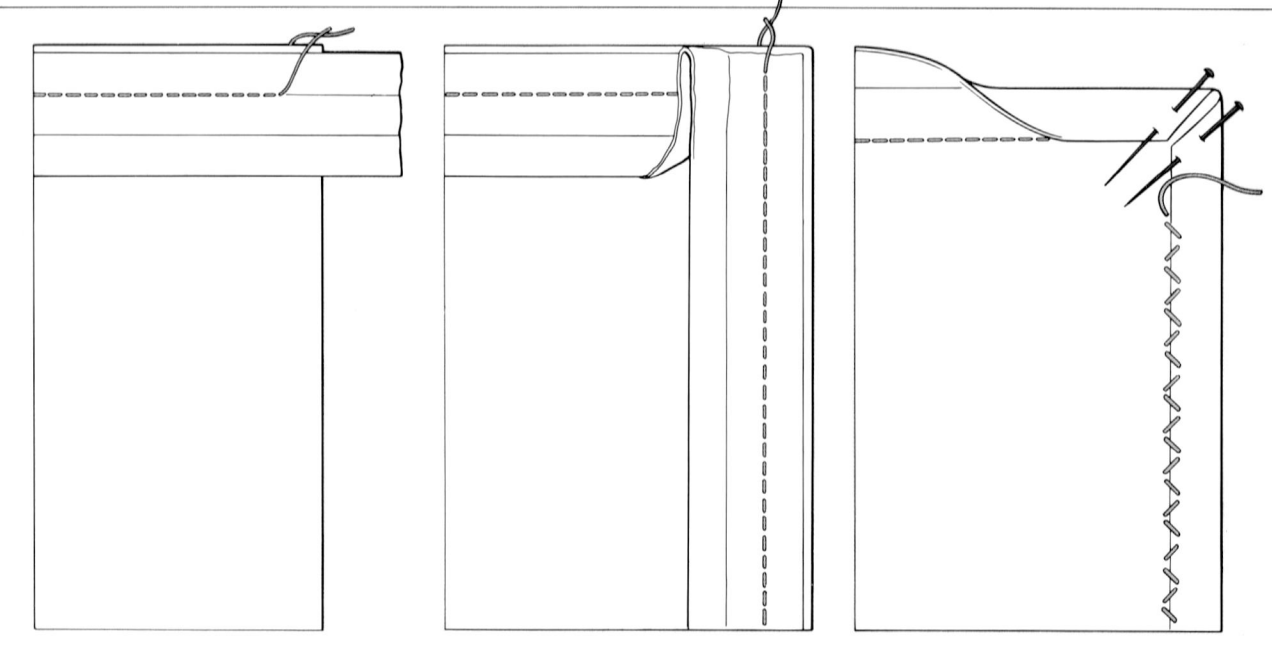

ECKEN EINFASSEN
. . . .

1   Stecken und nähen Sie das Schrägband auf die erste Seite des Stoffes (rechts auf rechts). Halten Sie mit dem Anfang und Ende der Naht einen Abstand von etwa fünf Zentimetern zu den Ecken, und vernähen Sie die Enden.
2   Falten Sie den ungenähten Teil des Schrägbandes am Nahtende senkrecht. Stecken und nähen Sie ihn entlang der angrenzenden Seite. Die Falte des entstandenen Bugs

(Skizze Mitte) muß parallel zur Schnittkante des Stoffes verlaufen. Achten Sie darauf, daß der Bug nicht ausgesteppt wird. Nähen Sie die anderen Ecken ebenso.
3   Schlagen Sie das Schrägband komplett nach hinten. Dadurch entsteht auf der rechten Stoffseite eine Briefecke. Stecken Sie die Ecken auf der linken Stoffseite, und nähen Sie die Ecken und den Saum mit Vorstichen (Seite 152).

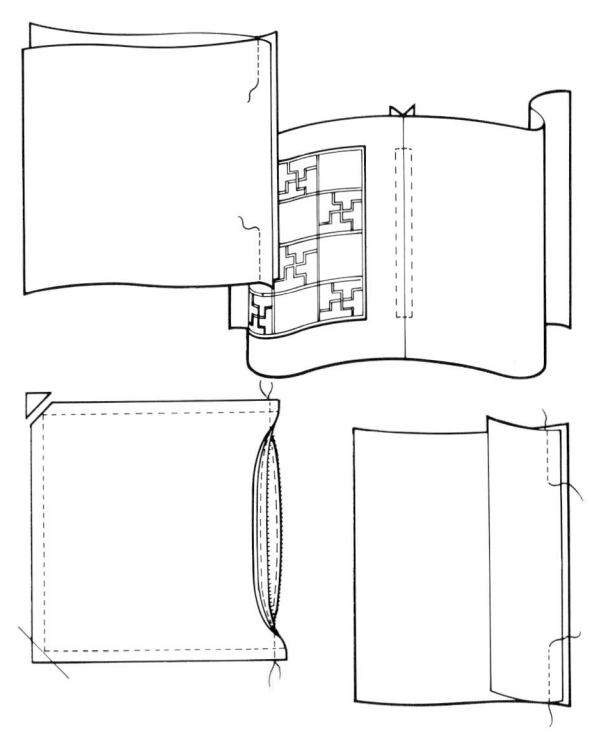

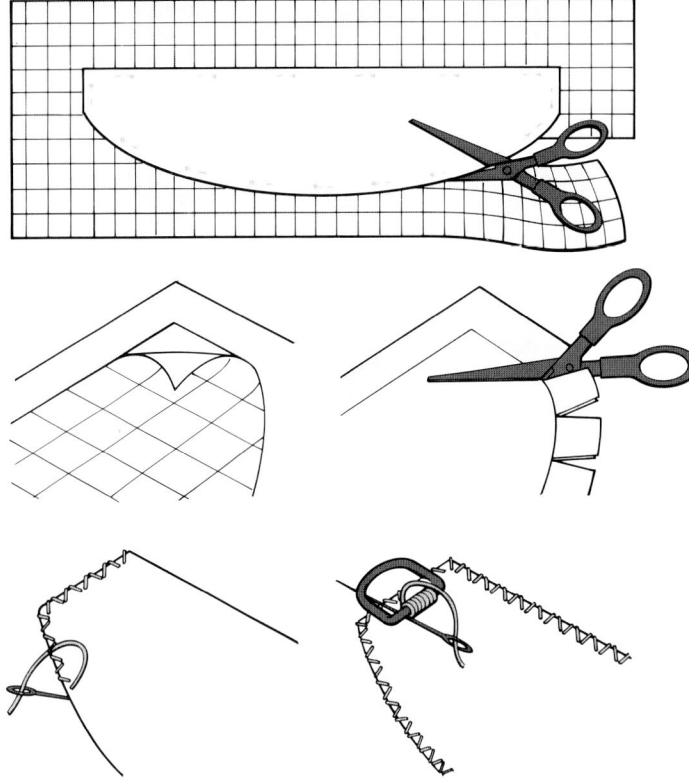

EINFACHES KISSEN NÄHEN

Die einfachste Art, einen Kissenbezug zu nähen, besteht darin, den vorderen und hinteren Teil ringsum an drei Seiten zusammenzunähen. Das Kissen erhält die Füllung durch die offene Seite, die abschließend mit Vorstichen (Seite 152) geschlossen wird. Auf diese Weise werden zum Beispiel Duft- (Seite 89) und Nadelkissen (Seite 123) genäht. Für größere Kissen empfiehlt es sich, in die offene Seite einen Reißverschluß einzunähen.

1 Legen Sie die Vorder- und Rückseite des Kissens mit den rechten Seiten aufeinander. Heften Sie die Teile an einer Seite. Nähen Sie die Enden etwa fünf Zentimeter zusammen (Skizze links oben). Bügeln Sie die Nähte.

2 Stecken, heften und nähen Sie den Reißverschluß mit der Maschine in die verbliebene Öffnung.

3 Öffnen Sie den Reißverschluß, und nähen Sie die drei anderen Seiten. Schneiden Sie die Ecken ab, um Wulste zu vermeiden (Skizze links unten). Wenden und die Nähte bügeln.

4 Wenn die Stickerei auf der Vorderseite bis an die Schnittkante reicht, nähen Sie den Reißverschluß in die Mitte des Rückteils. Nähen Sie auch hier fünf Zentimeter an beiden Seiten zusammen, und verfahren Sie entsprechend den Schritten 1 bis 3.

NÄHEN EINES RAFFBANDES

1 Zeichnen Sie ein Schnittmuster von Seite 157 ab, und vergrößern Sie das Papiermuster auf die gewünschte Größe. Stecken Sie das Schnittmuster auf die beidseitig klebende Vlieseinlage. Danach schneiden Sie die Form zweimal aus. Aus dem Baumwollfutterstoff schneiden Sie die Form auch zweimal aus, geben aber ringsherum einen Zentimeter zu.

2 Nehmen Sie das Schutzpapier von der Vlieseinlage, und legen Sie es zentriert auf die linke Seite des bestickten Stoffes. Drehen Sie den Stoff um. Eventuell vorhandene Falten werden mit den Fingern glattgestrichen.

3 Schneiden Sie in die Rundungen des Stoffes kleine, spitze Kerben (Skizze Mitte rechts). Nehmen Sie das zweite Schutzpapier von der Vlieseinlage ab. Schlagen Sie zuerst die langen und dann die kurzen Seiten des Stoffes sorgfältig um. Drücken Sie den Stoff auf das Vlies.

4 Legen Sie nun den Futterstoff auf die Klebefläche. Schneiden Sie kleine, spitze Kerben in die Rundungen des Stoffes. Schlagen Sie die Nahtzugabe nach innen, und nähen Sie die beiden Teile mit Vorstichen (Seite 152) zusammen. Wiederholen Sie für das zweite Raffband die Schritte 2 bis 4.

5 Nähen Sie an jedes Bandende einen Ring (Skizze unten rechts). Bringen Sie einen Haken an beiden Seiten des Fensters an, und hängen Sie das Raffband ein.

SCHNITTMUSTER FÜR BISTRO-GARDINE

Bestimmen Sie die Maße der Bögen an der Gardinen-
oberkante, und schneiden Sie für die Bögen eine Schablone
aus festem Karton aus. Schneiden Sie ein Schnittmuster
aus Schnittmusterpapier (20 cm x Gardinenbreite). Von der
Mitte ausgehend, markieren Sie jeden Bogen. Lassen Sie
zwischen jedem Bogen und an beiden Enden etwa fünf
Zentimeter Abstand. Schneiden Sie das Schnittmuster aus.

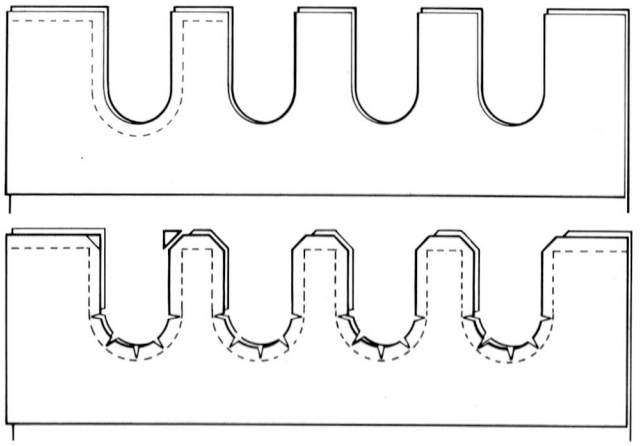

NÄHEN DER BISTRO-GARDINE

1 Stecken Sie das Schnittmuster an die obere Kante der
Gardine, und schneiden Sie die Bögen aus. Schneiden
Sie in gleicher Weise die Bögen aus dem Besatz. Nähen Sie
einen schmalen Saum an der unteren Kante des Besatzes.
Stecken Sie Gardine, und Besatz mit den rechten Seiten
aufeinander – die Schnittkanten und Bögen müssen exakt
übereinanderliegen. Nähen Sie entlang der Bögen in einem
Abstand von etwa sechs Millimetern zur Kante.

2· Schneiden Sie kleine Kerben in die Rundungen der Bögen (Skizze links unten). Schneiden Sie die Ecken ab. Wenden und bügeln Sie die Naht. Schlagen Sie die Schnittkanten an den Seiten des Besatzes nach innen. Nähen Sie den
Besatz mit Vorstichen (Seite 152) an den Gardinensaum.
Nähen Sie Ringe an die Laschen zwischen den Bögen,
oder hängen Sie die Gardine mit Ringclips (Seite 132) auf.

BILDER RAHMEN

AUFSPANNEN: Bevor Sie ein Bild rahmen, müssen Sie es
auf ein passendes Stück Fotokarton spannen. Benutzen Sie
dafür Knopflochgarn.

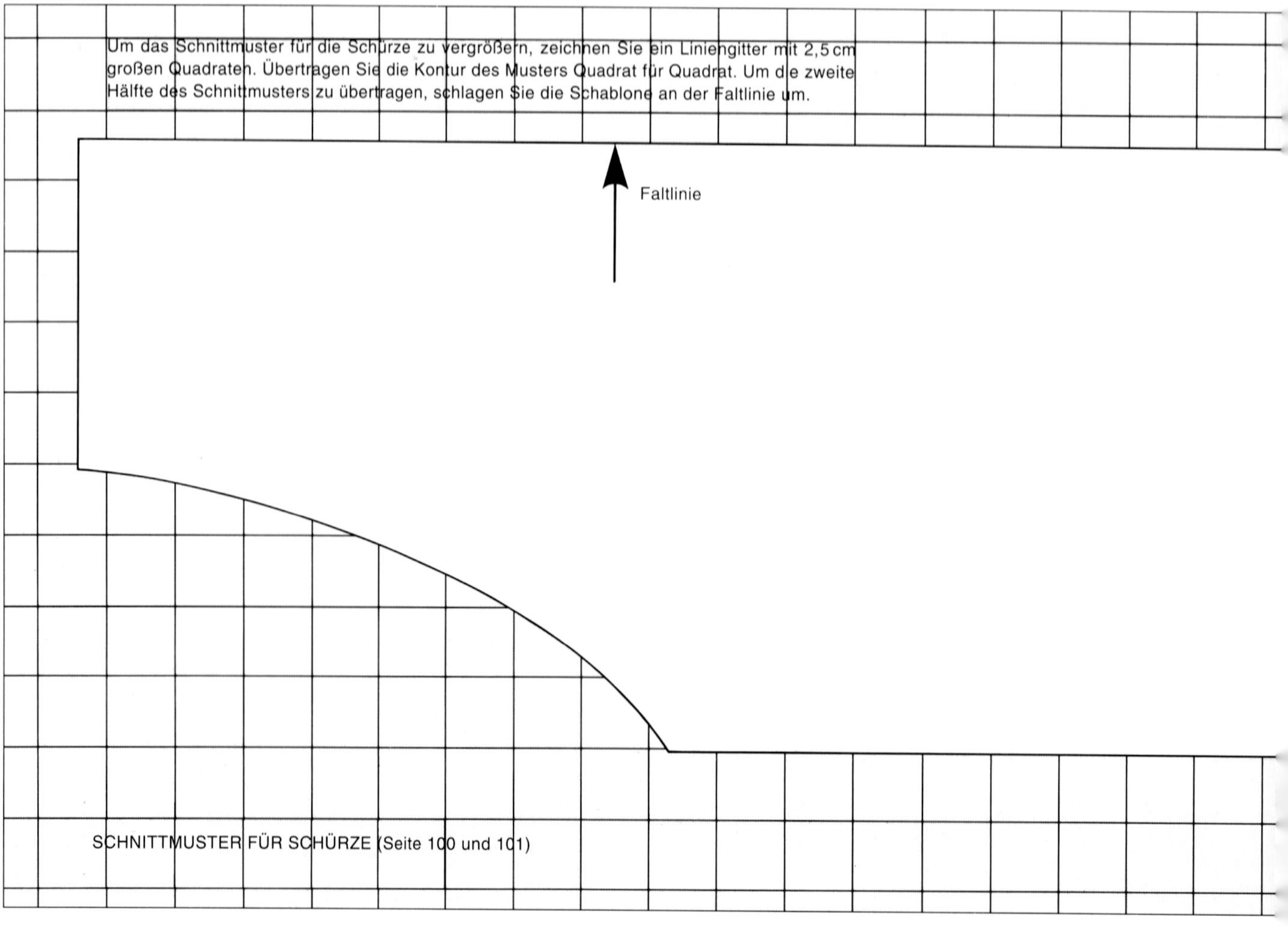

Um das Schnittmuster für die Schürze zu vergrößern, zeichnen Sie ein Liniengitter mit 2,5 cm
großen Quadraten. Übertragen Sie die Kontur des Musters Quadrat für Quadrat. Um die zweite
Hälfte des Schnittmusters zu übertragen, schlagen Sie die Schablone an der Faltlinie um.

Faltlinie

SCHNITTMUSTER FÜR SCHÜRZE (Seite 100 und 101)

1 Schneiden Sie den Fotokarton in der passenden Größe aus. Berücksichtigen Sie dabei, ringsherum einen ausreichend großen Rand stehen zu lassen, damit Teile der Stickerei nicht vom Rahmen verdeckt werden.

2 Legen Sie das Bild mit der linken Seite auf den Fotokarton, schlagen Sie den Rand nach hinten, und stecken Sie ihn entlang der Kartonkanten mit Stecknadeln fest. Achten Sie darauf, daß das Bild fadengerade liegt.

3 Nähen Sie Bild und Karton mit großen, lockeren Stichen zusammen. Entfernen Sie die Stecknadeln. Machen Sie einen Knoten am Fadenanfang, und ziehen Sie nun den Faden Stich für Stich fest. Vernähen Sie das Ende.

4 Vernähen Sie Bild und Fotokarton an den anderen drei Seiten, und falten Sie die Ecken.

RAHMEN: Sie können unter mehreren Möglichkeiten wählen: zum Beispiel Glasrahmen, Holzrahmen und Spannrahmen. Zu beachten ist bei der Wahl, daß Stickbilder in glaslosen Rahmen zwar leicht verstauben, daß in Glasrahmen aber die Struktur des Musters nicht zur Geltung kommt und die Stickerei platt gedrückt wird.

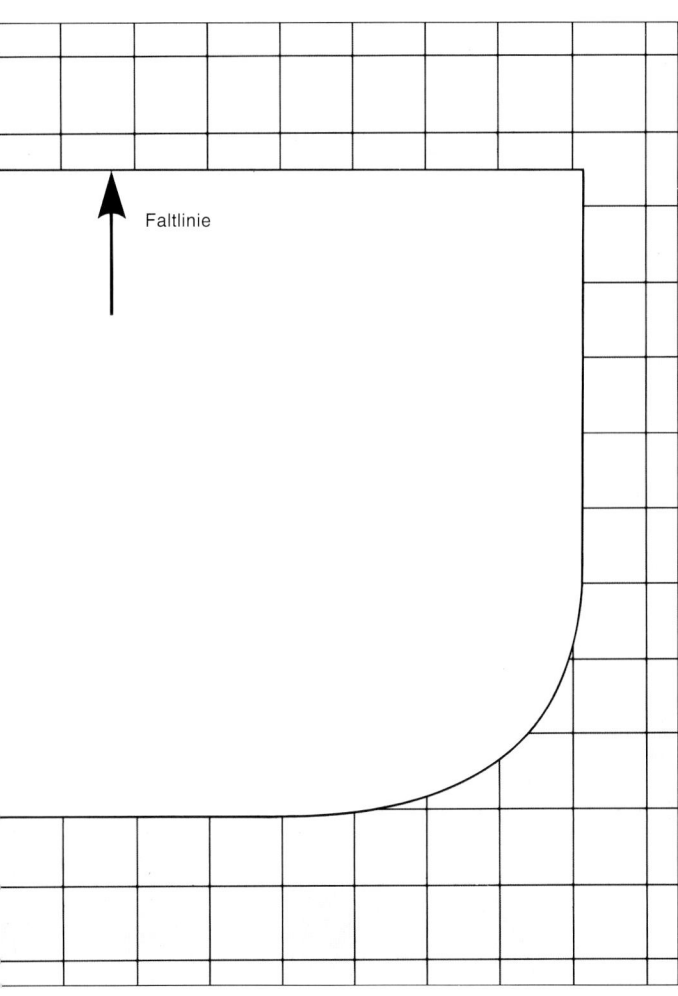

Faltlinie

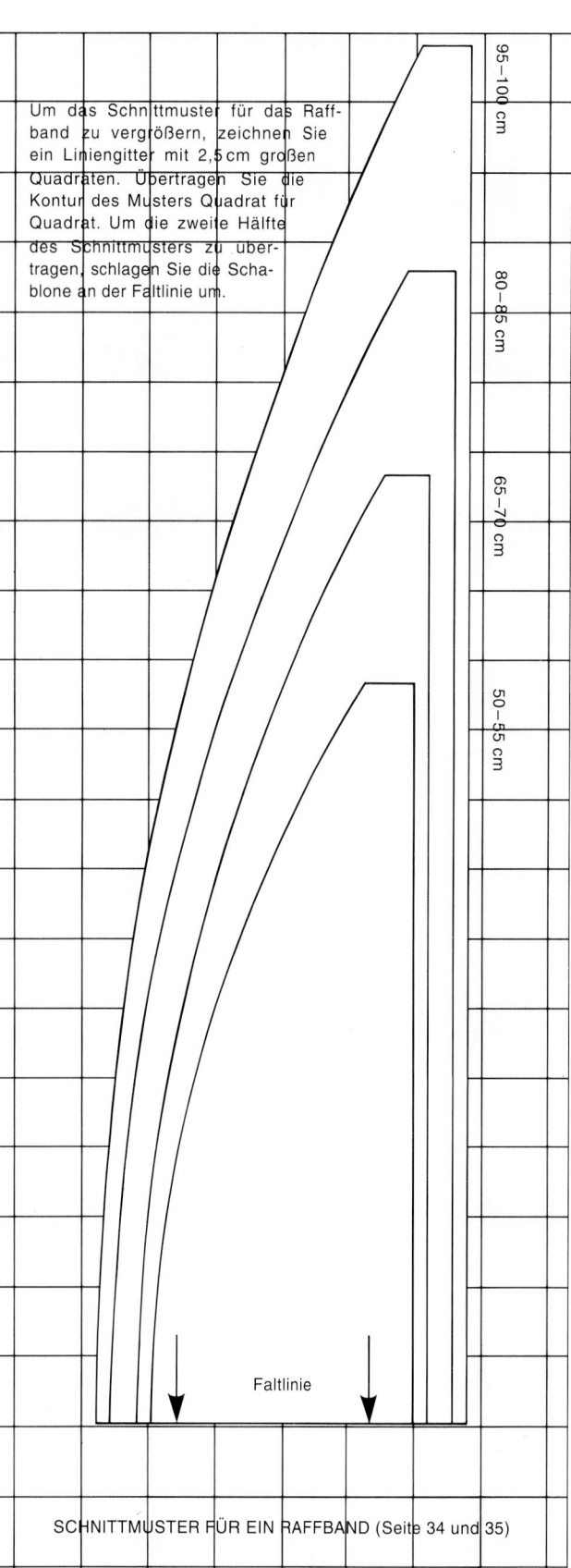

Um das Schnittmuster für das Raffband zu vergrößern, zeichnen Sie ein Liniengitter mit 2,5 cm großen Quadraten. Übertragen Sie die Kontur des Musters Quadrat für Quadrat. Um die zweite Hälfte des Schnittmusters zu übertragen, schlagen Sie die Schablone an der Faltlinie um.

95–100 cm

80–85 cm

65–70 cm

50–55 cm

Faltlinie

SCHNITTMUSTER FÜR EIN RAFFBAND (Seite 34 und 35)

KAPITEL ZEHN

VORLAGEN-SAMMLUNG

Buchstaben und Zahlen

abcdefghijklmnopqrstuv
wxyz abcdefghijklmnopqrstuvwxyz

ABCDEFGHIJKLMNOPQR
STUVWXYZ

abcdefghijklmnopqrstuvwxyz

ABCDEFGHIJKLMNOPQRSTUV
WXYZ

ABC

ABC

ABCDEFGHIJKLM
NOPQRSTUVWX
Y 1234567890 Z

Buchstaben und Zahlen

abcdefghijklmn opqrstuvwxyz

ABCDEFGHIJKLMN
OPQRSTUVWXYZ ++

ABCDEFGHIJKLMN
OPQRSTUVWXYZ

1234567890 XXX

ABCDEFGHIJKL
MNOPQRSTUV
WXYZ

123456789

Buchstaben und Zahlen

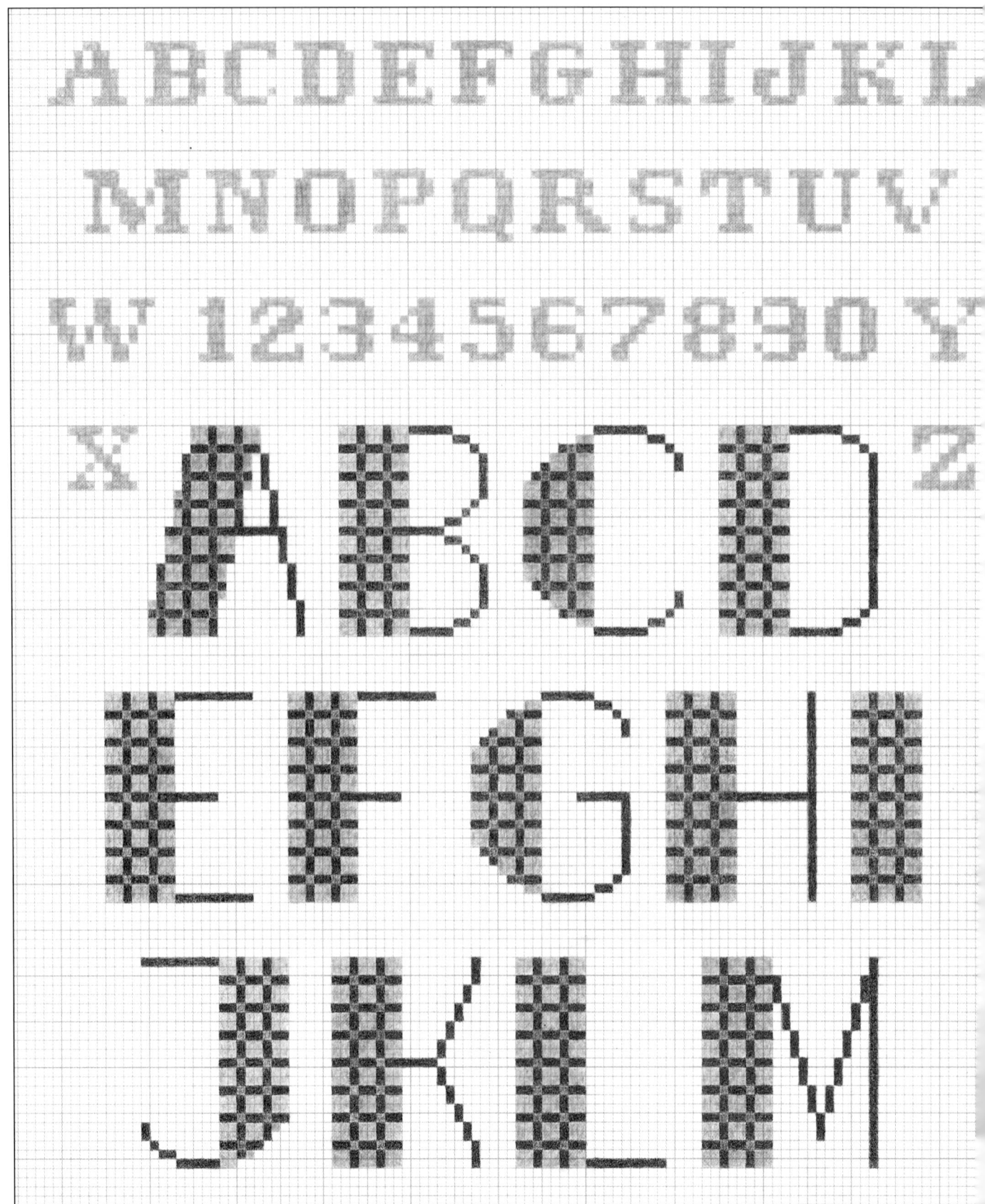

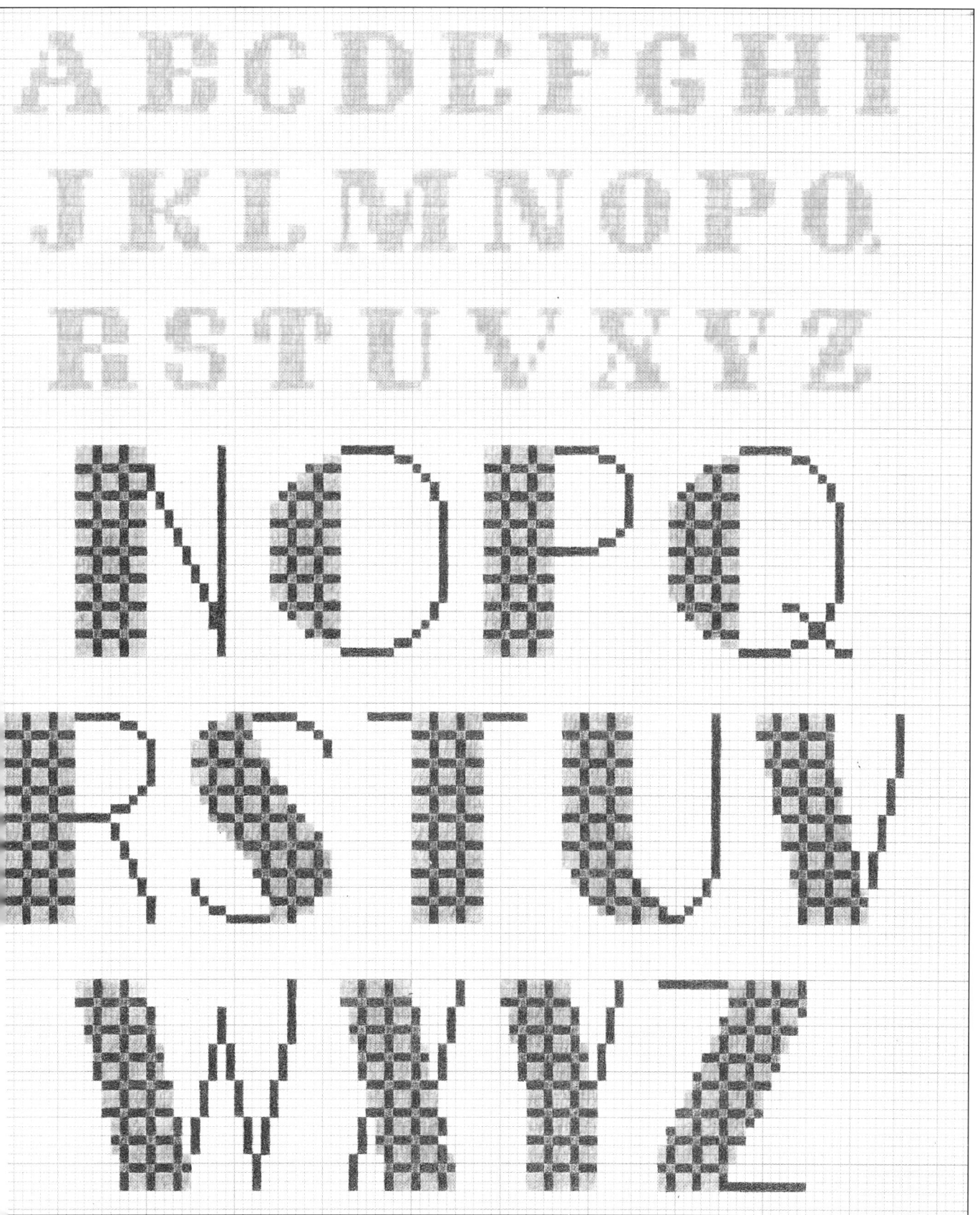

Sternzeichen und Schleifen

Widder

Stier

Zwillinge

Krebs

Löwe

Jungfrau

Waage

Skorpion

Schütze

Steinbock

Wassermann

Fische

Grußkarten und Christbaumschmuck

Flächen- und Bordürenmotive

Dekorative Rahmen und Umrandungen

Obst- und Blätterbordüren

Geometrische Flächenmuster und Bordüren

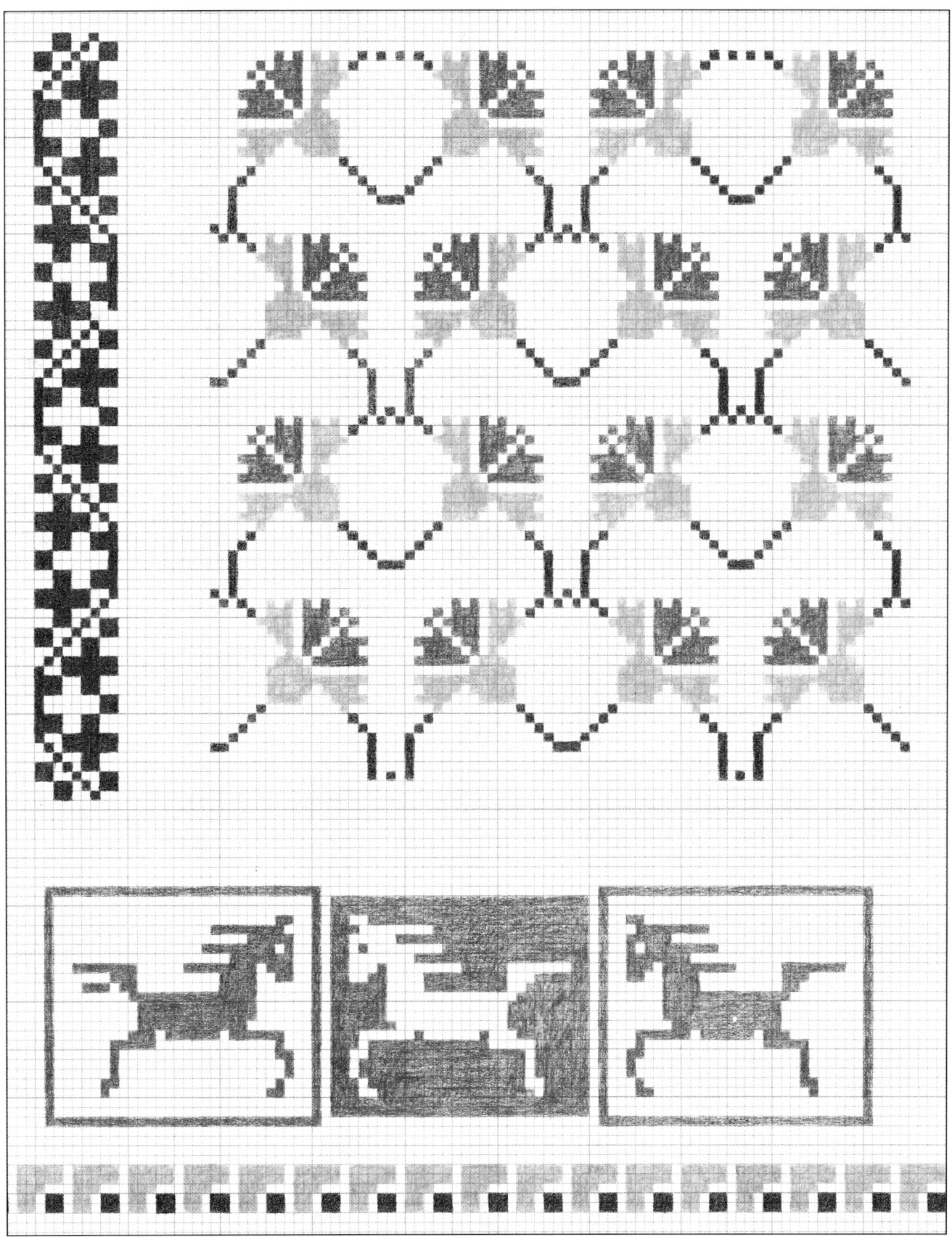

Geometrische Bordüren

Geometrische Bordüren

Geometrische Rapporte

Geometrische Rapporte

Glossar

AIDA: Aidagewebe. Handarbeitszählstoff, bei dem mehrere Gewebefäden zu Fadengruppen zusammengefaßt sind und so klare Stichquadrate formen.

APPLIKATION: Kontrastierender Stoff, der auf den Grundstoff mit kleinen Stichen aufgenäht wird.

BERLINER WOLLSTICKEREI: Sticktechnik mit kräftig gefärbter Wolle, bei der nach einer bedruckten Zählvorlage gestickt wird. Sie kommt aus Deutschland und war in Europa und Nordamerika um 1800 verbreitet.

BORDÜRE: Bandförmig laufendes Stickmuster, das meist den Rand betont.

DURCHBRUCHARBEIT: Sticktechniken, bei denen durch Ausziehen, Ausschneiden oder Zusammenziehen des Gewebes und Befestigen durch verschiedene Sticharten Muster im Spitzencharakter entstehen.

EINFÄDIGER STRAMIN: Stramin, bei dem das regelmäßige Gitter durch einzeln verlaufende Kett- und Schußfäden gebildet wird; auch unter der Bezeichnung Monostramin bekannt.

FARBIGES STICKEN: Sticken mit zwei oder mehr Farben.

FLÄCHENMUSTER: Besteht aus einem Motiv, das in alle Richtungen fortlaufend gestickt werden kann. Sie müssen im Mustersatz wiederholbar sein und Anschlüsse haben.

FREIE STICKEREI: Sticktechnik ohne Zählvorlage, bei der das Motiv direkt auf den Stoff übertragen und die Zeichnung nachgestickt wird.

GOBELINNADEL: Stumpfe Sticknadel.

HANDARBEITSZÄHLSTOFF: Gewebe mit gleicher Anzahl von Fäden oder Fadengruppen auf zehn Zentimeter in Kette und Schuß.

HARDANGER STICKEREI: Norwegische Sticktechnik, bei der das Muster wesentlich von Durchbrüchen geprägt wird.

KETTE: Längsfadensystem eines Gewebes. Die Fäden verlaufen im rechten Winkel zum Schuß.

METALL-STICKEREI: Stickerei mit goldenen, silbernen oder metallischen Fäden.

MILLIMETERPAPIER: Papier, das mit einem feinen quadratischen Liniengitter bedruckt ist und sich gut für Entwürfe von Zählvorlagen eignet.

MONOSTRAMIN: siehe einfädiger Stramin.

MOTIV: Teil eines Musters, das einzeln oder fortlaufend (zum Beispiel bei Bordüren oder Flächenmustern) gestickt wird.

MUSTER: Vorlage für Stickereien; setzt sich aus einem oder mehreren Motiven zusammen.

PENELOPE-STRAMIN: siehe zweifädiger Stramin.

PERLGARN: Glänzendes Baumwollstickgarn, das durch eine besondere Zwirnung eine perlige Oberfläche (Struktur) erhält. Es kann nicht geteilt werden.

PETIT-POINT-STICKEREI: siehe Straminarbeit.

RAHMEN: Rechteckiger, oft verstellbarer Holzrahmen, in den der Stoff eingespannt wird, um das Sticken zu erleichtern.

SCHUSS: Querfadensystem eines Gewebes. Die Fäden verlaufen im rechten Winkel zur Kette.

SPANNEN: Um den Stoff mit der fertigen Stickerei in Form zu bringen, wird er angefeuchtet und aufgespannt. Die Stickerei muß in gespanntem Zustand trocknen.

SPANNRING: Stickrahmen aus zwei ineinanderpassenden Holzringen, die den Stoff straff halten. Nicht für Straminarbeit geeignet.

STICHZAHL: Anzahl von Fäden oder Fadengruppen auf zehn Zentimeter, mit der die Stichdichte bei Handarbeitszählstoffen und Straminen angegeben wird.

STICKMUSTERTUCH: Tuch mit Beispielen verschiedener Stichtechniken und Muster zur Übung für *neue* Stiche und zum Nachvollziehen *alter* Stiche, Motive und Muster.

STICKTWIST: Baumwollgarn aus sechs lose zusammengezwirnten Fäden, die auch einzeln verarbeitet werden können.

STICK- UND REISSVERSTÄRKUNG: Dünner, weicher Vliesstoff, der auf die Rückseite geheftet und mit angestickt wird. Besonders Anfängerinnen verwenden gerne dieses Vlies, damit sich das Gewebe beim Sticken nicht verzieht.

STOPFSTICH: Einfacher Ein- und Ausstich zur Dekoration oder um Löcher auszubessern.

STRAMIN: Offenes Gewebe mit steifer Ausrüstung, das für Gobelinstickereien verwendet wird. Kett- und Schußfäden bilden ein regelmäßiges Gitter.

STRAMINARBEIT: Stickerei auf Stramin. Normalerweise werden alle Straminfäden mit Garn bedeckt. Feine Straminstickerei wird Petit point genannt.

ZÄHLVORLAGE: Muster auf kariertem (Millimeter-) Papier, bestehend aus farbigen Karos oder Symbolen, die je einen Stich bedeuten. Dadurch kann das Muster «abgezählt» werden.

ZWEIFÄDIGER STRAMIN: Stramin, bei dem das regelmäßige Gitter durch senkrechte und waagrechte Fadenpaare gebildet wird; auch unter der Bezeichnung Penelope-Stramin bekannt.

Register